ACCESO GRATIS *a la Lectura en la Nube*

Para visualizar el libro electrónico en la nube de lectura envíe junto a su nombre y apellidos una fotografía del código de barras situado en la contraportada del libro y otra del ticket de compra a la dirección:

ebooktirant@tirant.com

En un máximo de 72 horas laborales le enviaremos el código de acceso con sus instrucciones.

DELITOS CONTRA LOS VALORES PATRIMONIALES COMETIDOS MEDIANTE APROPIACIÓN POR MEDIOS MATERIALES

DELITOS CONTRA LOS VALORES PATRIMONIALES COMETIDOS MEDIANTE APROPIACIÓN POR MEDIOS MATERIALES

CARLOS KÜNSEMÜLLER L.

Profesor Titular de Derecho Penal
Ex Ministro de la Corte Suprema
Ex Presidente y actual Director del Instituto de Ciencias Penales
Miembro del Consejo de Dirección de la Asociación Internacional de Derecho Penal (A.I.D.P.)
Ex Presidente y actual Director de la Sección Chilena de la A.I.D.P.
Socio de la Fundación Internacional de Ciencias Penales (FICP)

tirant lo blanch
Valencia, 2024

En caso de erratas y actualizaciones, la Editorial Tirant lo Blanch publicará la pertinente corrección en la página web www.tirant.com.

Director de la Colección:
JOSÉ LUIS GONZÁLEZ CUSSAC
Catedrático de Derecho Penal
Universitat de València

EDITA: TIRANT LO BLANCH
C/ Artes Gráficas, 14 - 46010 - Valencia
TELFS.: 96/361 00 48 - 50
FAX: 96/369 41 51
Email: tlb@tirant.com
www.tirant.com
Librería virtual: https://editorial.tirant.com/cl
ISBN: 978-84-1056-064-2

Si tiene alguna queja o sugerencia, envíenos un mail a: *atencioncliente@tirant.com.* En caso de no ser atendida su sugerencia, por favor, lea en *www.tirant.net/index.php/empresa/politicas-de-empresa* nuestro Procedimiento de quejas.

Responsabilidad Social Corporativa: http://www.tirant.net/Docs/RSCTirant.pdf

In Memoriam Alfredo Etcheberry, homenaje
de su discípulo, al querido maestro

AGRADECIMIENTOS

El autor agradece la nueva demostración de confianza de la Editorial Tirant lo Blanch, al publicar la presente monografía.

Agradece, también, la valiosa, leal y eficiente colaboración de doña Paola Barraza, funcionaria del Poder Judicial.

TABLA DE CONTENIDO

Capítulo IV

FIGURAS PENALES ESPECIALES VINCULADAS AL TIPO DE ROBO CON FUERZA EN LAS COSAS, EN QUE LA CONDUCTA PUNIBLE NO CONSISTE EN ENTRAR EN LA MORADA AJENA Y SUSTRAER ESPECIES VIOLENTANDO LOS MEDIOS DE PROTECCIÓN

Capítulo V

DELITO DE ROBO POR SORPRESA

PRESENTACIÓN

En este texto, sin perjuicio de su amplio título, nos ocupamos solamente de los delitos de hurto, robo con fuerza en las cosas (y figuras relacionadas) y robo por sorpresa, no sólo debido a su indiscutida importancia práctica sino también en razón del análisis dogmático vertido en las obras nacionales conocidas y de las propuestas de Política Criminal contenidas en los Anteproyectos y Proyectos de Código Penal, que pretenden modificar el ordenamiento penal vigente en estas materias.

ABREVIATURAS

APCP	Anteproyecto de Código Penal
CR	Comisión Redactora del Código Penal
GJ	Gaceta Jurídica
RCP	Revista de Ciencias Penales
SCS	Sentencia de Corte Suprema
SCA	Sentencia de Corte de Apelaciones
STS	Sentencia Tribunal Supremo Español
TOP	Tribunal Oral en Lo Penal
TS	Tribunal Supremo Español

ADVERTENCIA

Nuestro foco de atención lo constituyen los tipos penales mencionados, aún cuando en su examen no se siga estrictamente el orden del Código Penal. El robo por sorpresa se acostumbra a tratar en el ámbito del robo con violencia o intimidación en las personas, pero, como en nuestra opinión —refrendada por la de otros penalistas— la figura del artículo 436 inciso 2° constituye una forma de hurto agravado, es que la analizamos con independencia de su vínculo —de *lege lata*— con el robo violento.

Capítulo I

CONCEPTOS GENERALES

1. *Bien jurídico protegido*

El título IX del Código Penal se denomina "Delitos contra la propiedad", haciendo referencia a un concepto —propiedad— proveniente del Código Civil, texto legal que en su artículo 582 lo define como "el derecho real en una cosa corporal, para gozar y disponer de ella arbitrariamente; no siendo contra ley o contra derecho ajeno". Por su parte, la Carta Fundamental en su artículo 19 nro. 24, asegura "a todas las personas el derecho de propiedad en sus diversas especies sobre toda clase de bienes, corporales e incorporales", "concepto amplio, plenamente compatible con la diversidad de ataques que a ese derecho se contemplan en el Título IX, Libro II, del Código Penal"[1]. Varios autores coinciden en que el concepto penal de propiedad no coincide plenamente con la definición del Código Civil, sino que tiene un alcance "considerablemente más amplio"[2].

Con bastante anterioridad a las interpretaciones de estos autores recién citados, más recientes, Etcheberry había advertido que el Código Penal emplea la expresión "propiedad" en un sentido amplio, que incluye, desde luego, la propiedad dominical definida en el art. 582 del Código Civil, pero que se extiende igualmente a la propiedad entendida como el vínculo que une al sujeto con todos los derechos de que es titular y que sean económicamente apreciables, esto es, tanto a los derechos reales que no son el dominio (como el usufructo), como a los derechos personales o créditos[3]. Detallando su interpretación, este penalista explica que la voz "propiedad" está empleada en el Código Penal en un sentido amplio, tal como lo hace la Constitución Política, que va más allá de la propiedad dominical, no cabiendo duda de que la garantía constitucional se extiende a todos los derechos patrimoniales, de manera que se protege el dominio y además los otros derechos reales, también los dere-

---

1 Matus Acuña, Jean Pierre; Ramírez Guzmán, María Cecilia, Manual de Derecho Penal. Parte Especial, Tirant lo blanch, 2021, p. 512.

2 Oliver Calderón, Guillermo, Delitos contra la Propiedad, Thomson Reuters, 2013, p. 34.

3 Etcheberry Orthusteguy, Alfredo, Derecho Penal. Parte Especial, T.III, 3ª edición, Edit. Jurídica, 1997, p. 287.,

chos personales o créditos, e incluso formas más alejadas de vinculación con las cosas como la posesión y la mera tenencia[4]. En el texto de carácter general sobre esta materia, de más reciente publicación, se afirma que el concepto penal de propiedad no coincide con la definición civil, sino que es más amplio, a raíz de que no comprendería sólo el dominio, sino también los demás derechos reales e incluso los derechos personales o créditos. "Por lo tanto, la doctrina chilena suele atribuir a la propiedad un sentido amplio y flexible, que incluye las relaciones —jurídicamente reconocidas por el sistema— que existen entre una persona y una cosa, esto es, el vínculo que une al sujeto con todos los derechos de que es titular y que sean económicamente apreciables"[5]. Conectando con el artículo 19 nro 24 de la Carta Fundamental —y excluyendo la posesión y la mera tenencia del concepto "propiedad"— se postula el concepto *delitos contra el patrimonio o delitos patrimoniales*[6].

El Código Penal español tipifica en su Título XIII, los "Delitos contra el patrimonio y contra el orden socioeconómico", señalando la doctrina que para los fines del Derecho Penal forman parte del patrimonio los derechos reales, como la propiedad, las obligaciones y la posesión, "que es una relación fáctica que liga al sujeto con una cosa"[7]. A partir de una *concepción mixta, jurídico-económica*, el patrimonio puede definirse como *el conjunto de valores económicos jurídicamente reconocidos*, comprendiendo cosas muebles e inmuebles, propiedad, posesión, derechos de crédito, derechos de uso y demás derechos reales y personales, valorables en dinero, con tal que tengan reconocimiento por parte del Derecho[8].

En el ámbito de las propuestas de *lege ferenda*, el APCP 2005 emplea en la denominación del Título VIII, la terminología "Delitos contra la propiedad y el patrimonio", el texto de 2013, "Delitos contra la propiedad"; el Título VI del APCP 2015, lleva por título, Delitos contra los derechos patrimoniales", distinguiendo bajo este rótulo, entre "Delitos contra la propiedad" y "Delitos contra el patrimonio"; el Proyecto de Código Penal

---

4 Ibídem., p. 288.

5 Oliver Calderón, Guillermo, Derecho Penal. Parte Especial, T.II, "Delitos contra la propiedad", Obra colectiva, dirigida por Luis Rodríguez Collao, Derecho PUCV, Tirant lo blanch, 2022, p. 214.

6 Ibídem, p. 214.,

7 Muñoz Conde, Francisco, Derecho Penal. Parte Especial, 21ª edición, Tirant lo blanch, 2017, p. 330.

8 González Rus, Juan José, Compendio de Derecho Penal Español (Parte Especial), "Delitos contra el patrimonio y el orden socioeconómico", dirigido por Manuel Cobo del Rosal, Marcial Pons, 2000, p. 377.

para Chile (2016), mantiene en el Título VII la denominación tradicional "Delitos contra la propiedad", estimándola su autor preferible, en vez de la más reciente, de "Delitos contra el patrimonio" o de la distinción entre delitos de una u otra clase. "La voz "propiedad" está indudablemente tomada en su amplio sentido constitucional y no en el sentido civilista más restringido que la hace sinónimo de dominio"[9]. A su turno, en el APCP 2018, que ha servido de modelo al proyecto gubernativo, enviado al Parlamento en enero de 2022, el Título VI lleva por título "Delitos contra la propiedad y los derechos sobre cosas" y el Título VII, "Delitos contra el patrimonio y otros intereses económicos".

Está fuera de discusión que la garantía constitucional se extiende a todos los derechos patrimoniales —propiedad y demás de esta clase— esto es, a todos los valores —bienes y derechos económicamente avaluables— integrantes de un segmento (activo) de la universalidad jurídica que constituye el patrimonio. Podría hablarse —argumenta Etcheberry— de "delitos contra los derechos patrimoniales, pero precisamente a este conjunto de derechos es a lo que denomina la Constitución Política "propiedad"[10].

Ha de tenerse en cuenta que el Derecho Penal deriva sus conceptos de un ordenamiento más elevado, que es el constitucional, y luego los reglamenta particularmente con independencia, para sus propios fines[11] Los académicos acostumbramos a decir a los estudiantes que el Derecho Penal es la rama del ordenamiento jurídico más cercana a la Carta Política. Nuestra disciplina no es un mero recipiente de conceptos e instituciones provenientes de otros sectores de dicho ordenamiento, influyentes en la codificación penal; construye con autonomía y para sus fines propios, su concepto jurídico con respecto a expresiones como "propiedad", "cosa mueble" y otras, no estando obligado el intérprete a utilizar en el ámbito penal los mismos criterios definitorios empleados en otras ramas del Derecho[12]. Ahora bien, no cabe desconocer que en el actual Título IX y, a través de tipos complejos (p.ej., robo con violencia o intimidación en las personas), agrupados bajo el rótulo "Delitos contra la propiedad", se brinda protección a otros bienes jurídicos, de indudable y superior rango constitucional, como la vida humana autónoma, la salud indivi-

---

9 Etcheberry Orthusteguy, Alfredo, Proyecto de Código Penal para Chile, Introducción, Gráfica LOM, 2016, p. 37.

10 Etcheberry (1997), cit., p. 288.

11 Núñez Ricardo, Delitos contra la propiedad, Editorial Bibliográfica Argentina, 1951, pp. 9-12.

12 Etcheberry (1997), cit., p. 289; Oliver (2022), cit., p. 219.

dual, la libertad ambulatoria, pero la pluriofensividad de tales agresiones no hace desaparecer la relación de carácter patrimonial, entendida en su sentido constitucional, como objeto jurídico de protección.

Como conclusión de lo expuesto y no resultando conveniente, por inútil, adentrarse en discrepancias terminológicas, utilizamos la denominación "Delitos contra los valores patrimoniales", que nos parece dotada de la amplitud y flexibilidad con que se busca interpretar el concepto legal de "propiedad"[13].

2. *Clasificaciones de los delitos*

Nuestra doctrina acoge, en su mayoría, la sistematización de Etcheberry, que distingue entre delitos de apropiación y delitos de destrucción, introduciendo en el primer grupo la subclasificación delitos de apropiación por medios materiales y delitos de apropiación por medios inmateriales[14]. Tratándose de los delitos de apropiación, la conducta típica consiste en el apoderamiento de la cosa ajena, en un desplazamiento fáctico del objeto, que es sacado de la esfera de resguardo patrimonial del titular e ingresada al ámbito de custodia del agente (cuando hay consumación).

Esta modalidad corresponde a la categoría que algunos autores denominan *delitos cometidos con ánimo de enriquecimiento.*

En los delitos de apropiación por medios materiales es la actividad física del sujeto activo la que produce el deslazamiento patrimonial —de hecho— de la cosa ajena, actividad física dirigida a la apropiación de las misma, y que puede recaer sobre la cosa misma (hurto), o sobre los resguardos que la protegen (robo con fuerza en las cosas) o sobre una persona, sea el titular u otra, vinculada al titular o a la defensa de la cosa (robo con violencia o intimidación en las personas). En el grupo de los delitos de apropiación por medios inmateriales, en que se encuentra la *vasta familia de las defraudaciones*[15], el comportamiento típico no es de carácter material, sino de índole incorporal, representado esencialmente por el engaño y el incumplimiento voluntario de determinadas obligaciones jurídicas.

Los delitos de destrucción, también denominados *delitos cometidos sin fin de enriquecimiento,* se caracterizan por no perseguir el agente la apropiación de la cosa ajena, sino su deterioro, daño o menoscabo. El despla-

---

13 Oliver (2022), cit., p. 214.

14 Etcheberry (1997), cit., p. 287.

15 Etcheberry (1997), cit., p. 377.

zamiento patrimonial fáctico no juega un rol relevante, puede o no estar presente[16].

Tal como hemos advertido, el contenido del presente trabajo se integra con el examen de ciertos delitos de apropiación por medios materiales.

3. Exención de responsabilidad penal

Antes de ocuparnos del análisis de cada figura delictiva en particular, estimamos conveniente revisar la causal eximente de responsabilidad penal consagrada en el artículo 489 del Código Penal y que, aunque limitada a tres ilícitos solamente, tiene el carácter de norma general para tales figuras y para quienes, poseyendo la calidad personal requerida, incurren en tales infracciones.

En nuestra literatura se la denomina comúnmente *excusa legal absolutoria,* de carácter personal, motivada por razones de política criminal, que el legislador estimó de suficiente peso como para liberar de sanción penal a los sujetos comprendidos en la exención, que no se funda ni en la ausencia de acción, ni de tipicidad, ni de antijuridicidad, ni de culpabilidad. Es delito, pero no hay sanción[17], lo que se ve demostrado por la circunstancia de que la exención no alcanza a los extraños que participaren en el delito y por la responsabilidad civil que afecta a todos los beneficiados. La atribución al legislador del propósito de privilegiar la paz y armonía familiares por sobre la persecución penal, se ve ratificada por las consideraciones expresadas por la Comisión Redactora del Código Penal. En la Sesión 95 (17.06.1872), el señor Gandarillas opinó que debiera dejarse a los ofendidos una acción privada *para perseguir si quieren al delincuente.* Refutó esta opinión el comisionado señor Reyes, fundándose en que la unión estrecha de intereses i los vínculos naturales tan íntimos que ligan a las personas que el artículo enumera, *no permiten suponer que haya delito en la apropiación de sus cosas,* rechazándose la indicación del comisionado señor Gandarillas. Originalmente, la excusa abarcaba el delito de robo, pero en la sesión 106 de la Comisión Redactora se acogió la observación del comisionado señor Renjifo, en cuanto a que no debía hacerse extensiva al robo, *porque en él hai un ataque a las personas que no interesa solo al ofendido sino que importa una amenaza a la sociedad i que esta*

---

16 Oliver (2022), cit., p. 214 y s.s.

17 Etcheberry (1997), cit., pp. 291-292.

debe penar en todo caso. En consecuencia, quedó restringida la excusa a los delitos de hurto, defraudaciones y daños.

La enumeración original de los beneficiados con la excusa se ha visto modificada a través de varias disposiciones legales. La Ley 20.830, de 21.04.2015, agregó en el nro 6, a los convivientes civiles, a continuación de los cónyuges. En virtud de la Ley 20.480 (18.12.2020), se excluyó de la eximente a los cónyuges cuando se trate del delito de daños(entiéndase cometido recíprocamente), Tampoco es aplicable la exención cuando la víctima sea una persona mayor de sesenta años (Ley 20.427, 18.03.2010),

En el ámbito político-criminal cabe señalar que el APCP 2005 establece en el artículo 165 una exención de responsabilidad penal en favor de los padres, hijos y cónyuges que cometan recíprocamente determinados delitos, quedando a salvo su responsabilidad civil y la penal de los extraños que participaren del delito. A su turno, el Proyecto de Código Penal para Chile, del profesor Etcheberry, contempla en el artículo 251 la misma eximente, en favor de los que cometen determinados delitos en perjuicio de sus familiares, con excepción de los hermanos, respecto de los cuales sólo se aplicará si vivieren juntos. La excusa no será aplicable cuando se hubiere empleado violencia en la ejecución de alguno de los delitos; tampoco se extenderá a los que no fueren familiares de la víctima.

Capítulo II

DELITO DE HURTO

1.– El artículo 432 del Código Penal define conjuntamente el delito de hurto y el de robo (con fuerza en las cosas y con violencia o intimidación en las personas). La definición legal comienza con el tipo de robo y deja al tipo de hurto para el final, caracterizándolo como apropiación de cosa mueble ajena, con ánimo de lucro, sin la voluntad del dueño, en la que no concurren los supuestos constitutivos del robo.

Los autores aceptan la definición conforme a la cual el hurto consiste en la apropiación de cosa mueble ajena, sin la voluntad del dueño, con ánimo de lucro y sin que concurran la violencia o intimidación en las personas y *cierta forma de fuerza en las cosas.* Sólo ciertas modalidades de fuerza en las cosas que acompañan a la apropiación configuran el tipo de robo, las que se hallan descritas en los artículos 440, 442 y 443, de modo que otras formas de fuerza, no integrantes del tipo de robo, no alterarán la calificación de hurto, delito que supone una dosis mínima de energía física por parte del agente, para coger la cosa ajena y apropiársela[18].

De acuerdo al texto del Código, el hurto admite ser clasificado en hurto simple (artículo 446), hurto agravado (artículo 447) y hurto de hallazgo (artículo 448) En este último caso, la conducta típica consiste no en sustraer una cosa ajena, sino en *hallar* el agente una cosa mueble al parecer perdida y apropiársela y en *hallar* especies al parecer perdidas o abandonadas a consecuencia de una calamidad o catástrofe. En ambos casos la apropiación surge de un hecho negativo, no entregar el o los objetos a su dueño o a la autoridad en su defecto. Como la cosa no se encuentra dentro del ámbito patrimonial de resguardo del dueño, sino que ha salido previamente de ese ámbito y tiene el carácter aparente de *perdida* o *abandonada* al momento que el autor la halla y se la apropia —sin sustraerla previamente— la doctrina opina que esta figura tiene más parentesco con la apropiación indebida que con el hurto[19]. En el Derecho Comparado la mayoría de los códigos no sitúa esta figura dentro de la regulación del hurto, sino en la de la apropiación indebida[20]. Este mismo criterio es seguido en el APCP 2005 (artículo 147); en cambio, el Proyecto de Código Penal del profesor Etcheberry lo mantiene en el título del hurto. (Artículo 227)

---

18 Etcheberry (1997), cit., p. 295.

19 Etcheberry (1997), cit., p. 311; Oliver (2013), cit., p. 175.

20 Oliver (2013), cit., p. 175.

1. Elementos Objetivos (positivos)

1.1. Apropiación

El verbo rector es *apropiarse*, concepto que, según el diccionario de la RAE, significa "tomar para si alguna cosa, haciéndose dueño de ella". No se discute en la doctrina que el autor no se hace dueño de la cosa ajena de que se apropia, ya que el delito no es un modo de adquirir el dominio, los derechos del titular se mantienen incólumes[21]. El agente adquiere *de hecho* las facultades propias del dueño de la cosa, quien se ve privado *fácticamente* de la misma e imposibilitado de ejercer respecto de ella sus atribuciones de dueño[22]. Para arrogarse las facultades del legítimo titular, esto es, apropiarse de la cosa ajena, el agente debe cogerla, aprehenderla físicamente, toda vez que si permanece en el ámbito de resguardo patrimonial del propietario, mal podrá sustituirse el autor a él y arrogarse en el hecho las facultades inherentes al dominio, posesión o mera tenencia. También hay acuerdo en que la apropiación es un concepto complejo, que además del apoderamiento o sustracción de la cosa ajena, requiere en el sujeto activo el ánimo de señor y dueño —*animus rem sibi habendi*— el ánimo de tener la cosa como propia, la intención de querer comportarse de hecho como dueño del objeto sustraído. Este ánimo de señor y dueño integra, junto con el ánimo de lucro, la parte subjetiva del tipo[23]. En consecuencia, la apropiación se integra con un elemento objetivo — el apoderamiento— y un elemento subjetivo —el *animus rem sibi habendi*— cuya ausencia impide, como veremos más adelante, la existencia del hurto, pese a concurrir el elemento sustracción.

Dada la complejidad de la apropiación y la circunstancia de ser el hurto un delito de resultado material, se ha planteado, desde los tiempos de Carrara, como controvertida, la cuestión del momento en que la apropiación queda consumada y, por tanto, la determinación temporo-fáctica de las etapas de ejecución imperfecta, tentativa y delito frustrado[24]. Las varias teorías elaboradas a lo largo de los siglos han sido explicadas detalladamente en todos los Manuales de Derecho Penal, de manera que, a nuestro juicio, sólo reviste utilidad el análisis del criterio actualmente utilizado por la doctrina y la jurisprudencia nacionales y, en particular, su conexión con las propuestas de nuevo Código Penal.

---

[21] Etcheberry (1997), cit., p. 296; Oliver (2013), cit., p. 69.

[22] Etcheberry (1997), cit., p. 296; Oliver (2013), cit., p. 69.

[23] Oliver (2013), cit., p. 70.

[24] Etcheberry (1997), cit., p. 296.

Es la teoría de la *ablatio* o de la *extracción* la dominante en la doctrina y jurisprudencia, conforme a la cual la apropiación está perfecta cuando la cosa es sacada de la esfera de custodia o resguardo de su titular, teoría que precisamente obliga a determinar el sentido y alcance del concepto abstracto *esfera de custodia*, no sometido en su realidad a límites materiales precisos, pero superior a la *amotio*, que se conforma con el simple movimiento o traslado de lugar de la cosa, aunque permanezca dentro del ámbito de protección de su titular, p.ej., sacar el objeto de una habitación y trasladarlo a otra, dentro de la misma casa en que el dueño ejerce sus facultades de dominio y control; el bien jurídico propiedad —valor patrimonial— permanece incólume, no ha sufrido menoscabo alguno, ya que el propietario no ha visto sustituidas las facultades inherentes a su derecho. Se ha resuelto por los tribunales que el delito de hurto se consuma cuando el sujeto "desposee o saca el objeto de la esfera de poder del dueño y contra la voluntad de éste". "Que, tal como lo sostiene la doctrina y la jurisprudencia, los ilícitos de apropiación se consuman cuando el hechor sustrae la especie de la esfera de resguardo de su dueño, debiendo determinarse en cada caso en particular que alcance tiene la referida protección"[25].

Mediante el criterio de la *ablatio* es factible diferenciar los actos meramente preparatorios (impunes según el art. 8o.), de la tentativa (punible según el art. 7o.), etapa ésta que existirá cuando se dé comienzo a la penetración en la esfera de resguardo ajena, lo que se halla reconocido en el artículo 444 del Código Penal, que presume autor de tentativa de robo con fuerza en las cosas al que se introduce en determinado aposento (que es un delito de apropiación por medios materiales al igual que el hurto y supone vencer o superar los medios de protección para entrar en la esfera de custodia ajena) y también trazar la frontera divisoria respecto del delito frustrado y la tentativa. Algunos autores objetan las que denominan "teorías descriptivas", que consideran únicamente la relación espacial entre la cosa y su titular, debiendo atenderse a consideraciones normativas para la determinación del momento consumativo del hurto, surgiendo como *criterios complementarios* los siguientes: *teoría de la disponibilidad, teoría del desapoderamiento* y *teoría del rompimiento* y *constitución de custodia*[26]. Garrido Montt postula la teoría de la *disponibilidad*, argumentando que el delito sólo podrá estimarse consumado cuando el delincuente se

---

25 SCA Santiago, 28.06.2006, Nro. Legal Publishing 34642; SCA Santiago, 24.01.2007, Nro. Legal Publishing 35924.

26 Oliver (2013), cit., p. 131; Ibídem (2022), cit., p. 243.

encuentra en la posibilidad de ejercer la facultad de disposición, cuando logra estar en condiciones de disponer de la cosa ajena siquiera por un instante, no siendo suficiente sacar la especie de la esfera de vigilancia o protección del dueño. Pone como ejemplo, el caso del sujeto que se apodera del dinero en la casa del comerciante y luego huye del lugar, siendo perseguido por éste, no está en condiciones de disponer del dinero y si es aprehendido, responde de hurto frustrado, no de uno consumado, aunque haya sacado la cosa de la esfera de custodia del comerciante[27]. Este criterio tiene sin duda parentesco con la teoría de la *illatio,* rechazada, en general, por extrema, y que identifica el momento consumativo con la posibilidad material del ladrón de llevar la cosa al destino propuesto, o de obtener el provecho perseguido, confundiéndose consumación con agotamiento del delito[28]. Graficando esta tesis, Oliver señala que no podría apreciarse consumación si el agente entrega la cosa sustraída a un tercero para que la guarde por algunos días, antes de llevarla a su destino final[29]. Varias sentencias han dado aplicación a la teoría de la disponibilidad[30], que enfrenta, además de lo señalado, la crítica de que "la extrema subjetivización de este criterio, que adelanta o retrasa el momento de la consumación al de la acreditación de una posición intelectual del sujeto, nos parece suficiente para rechazarla"[31]. Reiterada jurisprudencia del TS Español establece el momento de la consumación en la disponibilidad de la cosa por parte del sujeto activo, disponibilidad que no precisa ser total. "Que el sustractor haya podido disponer en forma potencial o real del objeto sustraído; no es preciso que llegue a disfrutar o aprovecharse del mismo"[32].

El concepto de "esfera de custodia" tiene un carácter abstracto y su extensión podrá variar según las circunstancias materiales del caso concreto. Habrá casos en que tal esfera de resguardo tendrá límites físicos, perfectamente verificables, como puertas, ventanas, rejas, etc., que el agente habrá de vencer o trasponer para —al menos— dar inicio a la introducción en el ámbito de resguardo ajeno. Habrá situaciones en que el ámbito patrimonial de custodia es meramente simbólico y carece de lí-

---

27 Garrido Montt (2000), cit., p. 166.

28 Etcheberry (1997), cit., p. 296; Oliver (2013), cit., p. 130.

29 Oliver (2013), cit., p. 130.

30 Cit. en Oliver (2013), p. 131.

31 Politoff Lifschitz, Sergio, Matus Acuña, Jean Pierre, Ramírez Guzmán María Cecilia, Lecciones de Derecho Penal Chileno. Parte Especial, 2ª edición, 2005, p. 310.

32 STS, 27.05.1982; STS, 25.02.1983; STS, 30.01.1984.

mites materiales, como ocurre, p.ej., en el caso del pasajero que deposita momentáneamente su maleta en el suelo de la estación, para comprar el boleto de ferrocarril, en que es posible para un tercero lograr "hacerse dueño" de la especie —"apropiársela— con la mera remoción o *amotio* de la maleta, que rápidamente pasa a integrar la esfera de custodia del sujeto activo[33]. En otros casos, como en el delito de robo por sorpresa, en que se sustraen especies que los ofendidos llevan consigo —artículo 436 inciso 2°—[34], la esfera de custodia tiene carácter simbólico y está constituida por la propia persona del titular de la cosa y sus posibilidades de defensa. Bastará con arrebatar del bolsillo una especie o "tironear" la cartera para lograr la apropiación. Si el sujeto no logra vender después la cosa —disposición— o esconderla en el lugar predeterminado, ello no altera en absoluta el perfeccionamiento de la apropiación.

Hay situaciones en las cuales el agente ya se encuentra desde antes del acto de apropiación en la esfera de custodia del dueño, p.ej., el empleado o empleada doméstica en la casa de su empleador, donde vive y realiza labores de servicio. Es obvio que el hecho de encontrarse dentro de la esfera de resguardo patrimonial —la casa— no significa una tentativa de hurto, aunque pueda tener el propósito de apoderarse de alguna cosa. Ahora, si, p.ej., coge alguna especie, sacándola del dormitorio de su empleadora y la oculta al interior de su propia habitación, donde es encontrada, ¿ha consumado la apropiación a través de la *amotio*? Un sector de la doctrina sostiene que dentro de la esfera de custodia amplia y general del propietario de la cosa, habría una esfera más especial y restringida, cual es la propia del empleado —su habitación— y para dar a entender que, como el objeto que antes estaba dentro del ámbito de resguardo de su dueño ha sido llevado a esa habitación particular y guardado en poder del sujeto activo, regiría la *ablatio* y se estaría ante una apropiación consumada, aun cuando la especie no pudo ser sacada al exterior[35]. Discrepamos de este tesis, ya que, a nuestro entender, la esfera de custodia del dueño abarca todo el inmueble donde vive —su casa habitación— y por tanto, en el caso propuesto, sorprendido el sirviente, teniendo la especie escondida en su habitación, no sólo no habría consumado el apoderamiento, sino que no habría logrado hacer todo lo necesario para extraer la cosa de su ámbito de resguardo y debería entenderse configurada una tentativa. La diferencia entre ámbito de custodia amplio y general y

---

33 Etcheberry (1997) cit., p. 298.

34 ICA Santiago, 04.01.2000, Nro Legal Publishing 20845; TOP Puerto Montt, 05.12.2006, nro Legal Publishing 36485.

35 Etcheberry(1997), cit., p. 299.

ámbito de custodia restringido o específico no nos resulta aceptable, ya que el propietario de la casa ejerce sus poderes de vigilancia y control sobre todo el inmueble que habita, no únicamente respecto de parte del mismo. Ahora bien, el artículo 447 nro. 1 del Código Penal considera hurto agravado el cometido por dependiente, criado o sirviente asalariado, bien sea en la casa en que sirve o bien en aquella a que lo hubiere llevado su amo o patrón. Sin perjuicio de que se trata de una agravación que debería eliminarse, como las demás del artículo 447 —en un futuro texto legal— así lo hacen los APCP y el Proyecto de Código Penal de 2016 nos parece que, tanto en la casa en que labora el dependiente, como en aquella a que lo llevó su empleador, si el agente no logró salir del recinto general con el objeto sustraído, aunque lo haya ocultado en un aposento propio —sea permanente u ocasional— y allí haya sido sorprendido, no puede hablarse de hurto consumado, sólo de tentativa. Si hizo todo lo necesario para extraer del recinto la cosa ajena sustraída —trató de huir con ella por la puerta— y no lo logró, por causas independientes de su voluntad —fue aprehendido en ese instante— habrá delito frustrado.

Algunos autores califican al hurto como delito de "mera actividad", no de resultado material, entendiendo que el tipo no exige un resultado separable de la acción que describe, cual es "apropiarse"; En tal virtud, no admite frustración, ya que si bien para la consumación la cosa debe ser sacada de la esfera de custodia del titular, este hecho no es un resultado distinguible y separable de la conducta misma; si no se logra el efectivo desposeimiento, quiere decir que la acción de apropiarse no se realizó completamente, aunque haya faltado un solo acto (tentativa)[36]. Parece oponerse a este interpretación, como argumento legal, el art. 494 bis del Código Penal, que sanciona el *hurto-falta frustrado,* como lo reconoce Oliver, quien, sin embargo, califica la norma en cuestión como *un auténtico disparate*[37]. La jurisprudencia ha aceptado, a través de numerosos fallos, la etapa de frustración en el hurto y en el robo con fuerza en las cosas[38]. El carácter de delito de resultado y la procedencia del delito frustrado, tanto en el tipo del artículo 446, como en el del artículo 440, lo reconocemos en nuestro comentario de jurisprudencia, publicado en "Monogra-

36 Cury Urzúa, Enrique, "Contribución a la distinción entre delitos de resultado y de simple actividad", RCP, 5ª Época, t.XL, vol, I, 1993; Oliver (2013), cit., pp. 123-124. En contra, Garrido (2000), cit., pp. 165-166.

37 Oliver (2013), cit., p. 125.

38 SCS, 10.04.2003, Rol 5148- 02; SCA Valparaíso, 29.12.2004, Rol 903; SCS, 28.05.2008, Rol 1394-2008.

fías. Casos Destacados. Derecho Penal. Parte Especial", Directora: Tatiana Vargas Pinto, DER, 2019, pp. 649 y s.s.

En todo caso, cabe tener presente que, de acuerdo a lo dispuesto en el artículo 450, inciso final del Código Penal (introducido por la Ley 21.108, de 2020), el delito de hurto se castigará como consumado desde que se encuentre en grado de tentativa, cuando se cometiere con las circunstancias previstas en el inciso primero, de los artículos 449 ter y 449 quater. El primero de estos preceptos agrava la pena privativa de libertad asignada a los delitos de hurto y robo con fuerza en las cosas cuando se perpetraren con ocasión de calamidad pública o alteración del orden público, sea que se actúe en grupo o individualmente. El segundo de los preceptos, al que se remite el artículo 450, inciso final, se refiere al "saqueo", esto es, la comisión de los delitos de hurto y robo con fuerza en las cosas "en circunstancias tales que contribuyan a la sustracción o destrucción de todo o la mayor parte de aquello que había o se guardaba en algún establecimiento de comercio o industrial o del propio establecimiento".

Todo lo expuesto sobre el proceso de desarrollo del delito es válido cuando se trata de la apropiación de cosas que se encuentran dentro de la esfera de custodia ajena y deben ser extraídas de allí por el agente, pero, en aquellos casos en que la especie ya se encuentra en poder del sujeto activo, quien la ha recibido por un título no traslaticio de dominio otorgado por el dueño (mandato, administración) y ejecuta actos propios del dominio, que el título no autoriza, el tipo penal aplicable es la apropiación indebida ("abuso de confianza"), regulado en el artículo 470 nro 1 del estatuto punitivo.

Cabe tener en cuenta que el verbo rector "apropiarse" no es utilizado en algunos APCP. El de 2013, define el hurto como "quitar" a otro una cosa mueble ajena para apropiársela o para que un tercero se la apropie (artículo 308). De acuerdo al texto de 2018, el hurto lo comete el que se "apoderare" de una cosa para apropiársela o para que un tercero se la apropie (artículo 312). Esta misma formulación está contenida en el Proyecto de Código Penal enviado al Parlamento en enero de 2022. (Artículo 276) El Proyecto de Código Penal de 2016, mantiene la apropiación como conducta típica. (Artículo 224)

El profesor Jorge Mera incorpora el *perjuicio* como elemento esencial para la consumación del hurto, tesis que responde a una interpretación político-criminalmente conveniente y consecuente con los principios de lesividad y *ultima ratio* y puede conducir a una importante reducción práctica de procesos y condenas por hurto[39]. Estima el autor que en numerosos casos podría excluirse la responsabilidad penal por falta de perjuicio, aunque se haya perfeccionado la apropiación, como sucede, p.ej., en los casos en que los objetos sustraídos son devueltos o recuperados en circunstancias tales que no ha existido un real afectación del derecho de propiedad del dueño[40]. Esta tesis se ve reforzada por el hecho de que en los fraudes se requiere perjuicio y sin él, no hay delito, de modo que si el sujeto se apropia mediante engaño de una cosa ajena y deja en su lugar otra de igual valor o el dinero equivalente a su precio, no hay perjuicio, careciendo de todo sentido que se castigue por hurto, en circunstancias que se trata en ambos casos de apropiaciones de especies ajenas. La ausencia de perjuicio implica, según la explicación de Mera, la no consumación del hurto, quedando abiertas las posibilidades de tentativa y frustración, conforme a las reglas generales[41]. Entonces, el hurto es un delito de resultado, no de mera actividad[42]. La precisa determinación del bien jurídico tutelado se halla involucrada en la propuesta que comentamos. En efecto, en los fraudes el objeto jurídico de protección es el patrimonio en su conjunto, entendido como globalidad; en cambio, en el hurto el bien jurídico tutelado es un determinado elemento integrante de la universalidad, el derecho de dominio u otra relación fáctica de un individuo con la cosa, posesión o mera tenencia. En consecuencia, si el objeto ajeno ha sido apropiado, habría hurto consumado, aunque el patrimonio en su conjunto no haya sufrido un menoscabo efectivo.

Se pone el acento en el desvalor de acción, no en el del resultado. A este respecto, nos hemos preguntado: en el caso que el sujeto activo hurta la bolsa con comestibles recién traídos del supermercado y los devuelve antes que el dueño la haya siquiera abierto, ¿ha sido verdaderamente lesionado el objeto jurídico de protección? ¿tiene fundamento racional la imputación de hurto y la ausencia de toda imputación si el autor del engaño —estafa— sobre la calidad de los objetos cuya entrega obtuvo,

---

39 Künsemüller Loebenfelder, Carlos, "Delitos de hurto y robo: las propuestas de reforma del Profesor Jorge Mera versus la Política Criminal Chilena", en Justicia Criminal y Dogmática Penal en la era de los derechos humanos, Estudios en Homenaje a Jorge Mera Figueroa, Thomson Reuters, 2021, p. 63.

40 Mera Figueroa, Jorge, Hurto y Robo.Estudio Dogmático y Político-Criminal, Cuadernos de Análisis Jurídicos, U.D.P., Nro. 31, 1994, pp. 71 y s.s.

41 Mera (1994)., cit., pp. 71 y s.s.

42 Künsemüller (2021), cit., p. 64.

sustituye la bolsa por otra, de contenido genuino, evitando todo perjuicio patrimonial al comprador? Debemos recordar que sin perjuicio no hay fraude. Entonces, en los fraudes —apropiación mediante engaño— se requiere perjuicio patrimonial, ¿por qué no en el hurto, que consiste en la apropiación de cosa ajena? La proposición de que se trata tiene como basamento principal el principio de lesividad —*nullum crimen sine iniuria*— cuya divisa es que el Estado, en cuanto titular del Derecho Penal Subjetivo, no deberá prohibir, bajo la amenaza de la pena penal la realización de conductas —ni obligar a su realización positiva— si no es en virtud de que resulten lesivas para un bien jurídico determinado[43]. El bien jurídico surge como un límite claro a las actividades del Estado[44]. Los actuales Estados de Derecho constitucionales prohíben al legislados y al juez imponer pena por una conducta que no lesione un bien jurídico, lo que se conoce como *principio de ofensividad*[45]. Estos conceptos nos direccionan hacia los caracteres de *fragmentario* y *subsidiario* del Derecho Penal, ordenamiento que Soler caracterizó como un *sistema discontinuo de ilicitudes* incardinadas detrás de la lesión de bienes jurídicos[46]. La intervención penal significa una solución de *extrema ratio* y, por tanto, está regida por los principios de intervención mínima y de exclusiva protección de bienes jurídicos. Todo delito lesiona un bien jurídico, de modo que no es concebible un delito que no lesione un bien jurídico protegido[47].

La exigencia de un bien jurídico lesionado es la versión penal (ofensividad penal) de la ofensividad jurídica general, y constitucional, como condición del Estado de Derecho y de su correspondiente antropología jurídica[48]. Para una Política Criminal democrática, el bien jurídico constituye un elemento sustancial[49]. El principio de *lesividad* —esto es, la dañosidad social connatural al ilícito, que se concretará en la lesión o puesta en peligro del bien jurídico protegido—, cuya trascendencia ha destacado la Sala Penal de la Corte Suprema de Chile a través de numerosas

---

43 Carbonell Mateu, Juan Carlos, Derecho Penal: concepto y principios constitucionales, 3ª edición, Tirant lo blanch, 1999, p. 215.

44 Bustos Ramírez, Juan, Manual de Derecho Penal, 3ª edición, Ariel, 1989, p. 31.

45 Zaffaroni, Eugenio Raúl, "Apuntes sobre el bien jurídico, fusiones y (con)fusiones", en Temas actuales en la dogmática penal, Bogotá, Universidad del Sinu y Editorial Ibáñez, 2013, pp. 33-50.

46 Künsemüller (2021), cit., p. 66.

47 Nino, Carlos Santiago, Consideraciones sobre la dogmática jurídica, UNAM, México D.F., 1989.

48 Zaffaroni (2013), cit., p. 34.

49 Mera (1994), cit., p. 22.

decisiones, pasa a convertirse en uno de los principios político-criminales centrales del Derecho Penal de la democracia[50]. El principio cardinal cuya trascendencia acabamos de recordar se opone a una consideración puramente formal o ideal de la afectación a la propiedad, exigiendo un detrimento patrimonial real, palpable, acreditable. Desde esta perspectiva, no basta con la sustracción de la cosa ajena con ánimo de dueño y propósito de lucro, debe concurrir, además, el perjuicio para estar ante un delito consumado. Esta es, según Mera, la única vía aceptable para salvar notorias incoherencias en el sistema penal respecto de otros delitos de índole patrimonial, que sí requieren tal elemento, como la estafa y la apropiación indebida, que castigan al que *en perjuicio de otro* ejecuta determinadas acciones. Para aportar a esta construcción dogmática hemos traído a colación el hecho de que en la falsificación de instrumento privado se requiere perjuicio pecuniario, no obstante que con la falsedad ya se ocasionó una lesión a la fe pública, a la confianza en el documento. Ello es así, porque se trata, en realidad, de una especial forma de fraude, de delito contra valores patrimoniales, más que contra la fe pública[51].

1.2. Cosa mueble

Es el objeto material sobre el cual recae la apropiación, utilizando nuevamente el Código Penal un concepto proveniente del Código Civil. En tal virtud y dada la fuente de que proviene este concepto (Derecho Privado), es menester determinar qué sentido y alcance cabe atribuir en Derecho Penal a la institución civil.

Para los efectos del delito de hurto, sólo son *cosas* las corporales, quedando excluidas las incorporales, que, como los derechos o facultades, son también cosas, de acuerdo al artículo 565 del Código Civil. Por cosas corporales cabe entender las que ocupan un lugar en el espacio o tienen extensión, debiendo excluirse, por tanto, las cosas que, siendo materiales, carecen de extensión, como el sonido, la luz, el calor, las energías[52]. Con respecto a la energía eléctrica, por carecer de extensión, fue necesario dictar la Ley General de Servicios Eléctricos, para sancionar penalmente el "hurto de energía eléctrica", que en realidad consiste en el consumo

---

50 Künsemüller (2018), cit., p. 159.

51 Künsemüller Loebenfelder, Carlos, "Delitos de hurto y robo: una reforma inaplazable en el Código Penal chileno", en El Penalista Liberal. Homenaje a Manuel de Rivacoba y Rivacoba, Hammurabi, 2004, p. 461.

52 Etcheberry (1997), cit., p. 299.

clandestino o fraudulento de dicha energía[53] La legislación especial no califica como hurto la conducta, sino que le hace aplicables las penas respectivas[54]. En realidad, la sustracción de energía eléctrica mediante conexiones clandestinas o fraudulentas —artículo 137 de la normativa mencionada— encuadra más bien en las hipótesis de defraudación —estafa— ya que se engaña a la empresa que suministra la energía, respecto del real monto de consumo del cliente que efectúa o utiliza el artificio de la conexión que disimula la realidad.

La cosa *mueble* está definida en el artículo 567 del Código Civil como aquella que puede transportarse de un lugar a otro, sea moviéndose ella a sí misma, sea que sólo se mueva por una fuerza externa, distinguiendo el mismo Código tres clases de cosas inmuebles, "inmuebles por naturaleza", "inmuebles por adherencia" e "inmuebles por destinación". Atendidos los fines de la normativa penal —Derecho Público— distintos de los del Derecho Privado, la doctrina se encarga de esclarecer qué debe entenderse por "cosa mueble" para los efectos penales. Existe acuerdo en que el concepto civil no es aplicable para estos efectos, debiendo entenderse por cosa mueble todo objeto corporal movible, susceptible de ser trasladado de un lugar a otro, sin que necesariamente el traslado pueda hacerse *sin detrimento*. Es la movilidad de la cosa, su aptitud para ser trasladada en el espacio lo que le confiere el carácter de mueble al objeto material en los delitos de hurto y robo[55]. En consecuencia, los inmuebles por adherencia o destinación, deben considerarse muebles, por poseer la referida aptitud. En todo caso, el agua, un bien que debería ser considerado mueble, no es susceptible de hurto, sino del delito de usurpación, cuyo objeto material son las cosas inmuebles, siempre que se trate de aguas corrientes, que se encuentran en depósitos o cauces naturales o artificiales. El agua envasada es una cosa mueble y puede, por tanto, ser objeto material del delito de hurto[56].

1.3. Cosa Ajena

Esta exigencia se encuentra en la mayoría de las legislaciones extranjeras[57] y tal como ocurre con el artículo 432 de nuestro Código Penal,

---

53 Oliver (2013), cit., p. 95.

54 Garrido (2000), cit., p. 153.

55 Etcheberry (1997), cit., p. 300; Garrido (2000), cit., p. 154; Oliver (2013), cit., p. 99; Bullemore/MacKinnon (2018), cit., p. 29.

56 Etcheberry (1997), cit., p. 300; Oliver (2013), cit., p. 99.

57 Oliver (2013), cit., p. 100.

significa que no puede haber delito si la cosa pertenece al sujeto activo, no cabe el hurto de cosa propia, conclusión que, además de deducirse del sentido natural y obvio de la expresión "ajena", deriva del concepto "apropiarse" de la cosa de otro, incompatible con el apoderamiento efectuado por el propietario de aquello que se encuentra dentro de su ámbito de resguardo patrimonial.

En el evento que el dueño le sustraiga la cosa a quien la tiene legítimamente en su poder, en calidad de arrendatario, comodatario u otro título, se configura el delito denominado "hurto de posesión" o "hurto impropio", castigado como figura de estafa por el artículo 471 nro. 1 del Código y que el Proyecto de Código Penal de 2016, incluye en el apartado "Otros fraudes". Dado que frente al hurto propio este *furtum possesionis* tiene la particularidad de que el sujeto activo es el propietario de la cosa, se excluye la propiedad como bien jurídico tutelado y se aprecia como tal la posesión legítima del que tiene la cosa mueble[58]. A este respecto, cabe señalar que, como ha quedado dicho anteriormente, la posesión, como forma de vinculación jurídico-económica con una cosa, integra en nuestro ordenamiento el bien jurídico propiedad.

Existe acuerdo en la doctrina nacional en torno a determinados bienes que no cabe reputar "cosas ajenas" para los efectos del tipo penal:

Las cosas comunes a todos los hombres, respecto de las cuales el artículo 585 del Código Civil prescribe que nadie tiene el derecho de apropiárselas.

Las cosas susceptibles de ser adquiridas por ocupación, según las reglas civiles.

Las *res derelictae* o cosas abandonadas por su dueño para que las haga suyas el primer ocupante; p.ej., los artículos de hogar que el dueño deja en la vereda para que cualquiera persona se los lleve o que deposita en un centro de acopio de objetos usados. Está fuera de duda que una *res derelictae* es distinta de una cosa extraviada o perdida, que sí es ajena y puede dar lugar al hurto de hallazgo (artículo 448), ya que el dueño no ha renunciado voluntariamente a la tutela penal de su propiedad, sólo ha perdido transitoriamente la conexión material con el objeto que le pertenece.

Los bienes nacionales de uso público, puesto que su dominio pertenece a la nación toda, si bien su uso corresponde al Fisco o en general a todos los habitantes de la nación. (Artículo 589 del Código Civil).

---

[58] Muñoz Conde (2017), cit., p. 345.

Con respeto a la posibilidad de hurto entre comuneros, este tema ha sido revisado con dedicación por los autores, que dan cuenta de distintas soluciones, atendido el silencio del Código sobre el tema[59].

No debe olvidarse que para el Derecho Penal no sólo son ajenas las cosas sobre las cuales otro sujeto tiene el derecho de dominio o propiedad, si o también aquella cosa sobre la cual otro tiene un derecho reconocido por el orden jurídico, como la posesión y la mera tenencia. Es dueño —y, por tanto, sujeto pasivo— no sólo el titular del derecho real de dominio, sino también el poseedor y el mero tenedor[60].

1.4. Sin la voluntad del dueño

El artículo 432 del Código Penal requiere que el agente actúe *sin la voluntad* del dueño de la especie, en circunstancias que el Párrafo 1 del Libro IX se denomina "de la apropiación de las cosas muebles ajenas contra la voluntad de su dueño". Se advierte, entonces, una discrepancia terminológica, "actuar contra la voluntad del dueño" y "sin la voluntad del dueño". Esta discrepancia es sólo aparente, ya que de conformidad al artículo 432, la locución "sin la voluntad de su dueño" es aplicable tanto al hurto como al robo y en los casos en que se actúe contra la voluntad del sujeto pasivo, es decir, coaccionando esa voluntad, se está actuando sin su determinación, prescindiendo de ella para privarle de un objeto de su pertenencia. La conservación de los términos "contra la voluntad" en el epígrafe del párrafo es atribuida a una mera omisión de la Comisión Redactora, ya que en la Sesión 92 de dicha Comisión se acordó reemplazar la frase "contra la voluntad" por "sin la voluntad" y así se hizo en la definición del artículo 432, pero se omitió hacer la rectificación en el epígrafe del párrafo respectivo. Es suficiente que el dueño de la cosa no haya dado su consentimiento para la apropiación por un tercero —el dueño puede estar ausente del ámbito de resguardo patrimonial— no es exigible que tome conocimiento de la sustracción en el momento en que ésta tiene lugar y que se haya opuesto[61].

El consentimiento válido del titular de la cosa, que puede ser uno distinto del dueño —usufructuario o tenedor— elimina la tipicidad de la conducta, puesto que la ley establece como elemento del tipo objetivo

---

[59] Etcheberry (1997), cit., p. 302-303; Olver (2013), cit., pp. 102-103; Garrido (2000), cit., pp. 156-157.

[60] Etcheberry (1997), cit., p. 301.

[61] Etcheberry (1997), cit., p. 303; Garrido (2000), cit., pp. 158-159.

que se obre sin la voluntad del dueño[62]. Si el consentimiento carece de validez —es obtenido mediante violencia o intimidación o engaño— estaremos ante un delito de robo o de estafa.

De acuerdo a las reglas generales sobre consentimiento, éste puede ser expreso o tácito, pero debe existir efectivamente y ser expresado por un sujeto capaz. La ratificación o aceptación posterior del hecho típico y antijurídico ya realizado, no constituye consentimiento, éste deba otorgarse al momento de la realización del acto apropiatorio o antes. El conformarse posteriormente con lo sucedido y no accionar penalmente, no es consentimiento, sin perjuicio de eventuales consecuencias procesales.

2. *Elementos Objetivos (negativos)*

Ausencia de cierta forma de fuerza en las cosas y de violencia o intimidación en las personas.

De acuerdo al artículo 432, la concurrencia de alguno de los dos elementos referidos, en cuanto medios para lograr la apropiación de la cosa ajena, traslada el hecho al ámbito del tipo de robo y lo extrae del de hurto, que supone ausencia de esos medios: "si faltan la violencia, la intimidación y la fuerza, el delito se califica de hurto". No se excluye todo tipo de fuerza o violencia, la que muy frecuentemente se da en el hurto, lo que se exige es el no empleo de ciertas formas de ejecución que configuran los delitos de robo con fuerza en las cosas y violencia o intimidación en las personas que la ley enumera casuísticamente. Esto permite sostener que el hurto es un delito de índole residual, que es subsidiario del robo[63]. Este punto de vista concuerda con el artículo 432 del Código Penal, que comienza con el robo en sus dos modalidades y define los elementos configurativos de cada una, dejando para el final al hurto.

2.1. Valor de la cosa

Aún cuando el artículo 432 no lo señala como elemento de la descripción, típica, es indispensable que la cosa mueble ajena apropiada tenga algún valor económicamente apreciable, ya que la penalidad está atada a dicho valor, según se desprende del artículo 446 del texto legal. Tal valor está señalado en Unidades Tributarias Mensuales, cuantía ésta, que permite trazar la diferencia entre el simple delito (cosas cuyo valor excede

---

[62] Garrido (2000), cit., p. 159; Bullemore/MacKinnon (2028), cit., p. 31.
[63] Garrido (2000), cit., p. 163.

de media UTM, artículo 446) y el hurto-falta (artículo 494 bis), disposición ésta, que se aplica a los hurtos de cosas cuyo valor no supera la media UTM. En los tipos penales de robo carece de relevancia el valor de la cosa, ya que la penalidad asignada es independiente de dicho elemento.

El criterio "monetarista" utilizado por nuestro Código Penal en la punibilidad del hurto, que vincula y somete de manera estricta a la medición de la pena[64], ha sido objetado por la doctrina chilena, por la acentuación del valor de lo sustraído, que se proyecta en el establecimiento de numerosas y, por cierto, demasiadas cuantías cerradas, que anulan el arbitrio judicial, desde que están ausentes otros factores relevantes para dimensionar la conducta e individualizar la pena. Hemos postulado el estudio de una solución político-criminal que prescinda —al menos como factor único y determinante— del criterio de las cuantías de lo apropiado, salvo para diferenciar entre el delito y la falta, como lo hace el Código español, esto, en la medida que el futuro Código Penal mantenga las faltas como infracciones penales, ya que ninguno de los APCP contempla la división tripartita del Código Penal vigente. Hemos sugerido tomar en cuenta, además del valor de lo sustraído, otros presupuestos más realistas, susceptibles de ser conocidos y queridos por la voluntad de realización del agente. Ellos podrían ser, p.ej., la potencial lesividad de instrumentos u objetos del delito, la especial significación artística, científica, económica o socio-cultural de las cosas sustraídas, determinados sitios en que la acción típica se realizó, la gravedad o trascendencia de los efectos lesivos producidos. El *tosco criterio* de la valuación del dinero fue rechazado por Rodríguez Devesa hace muchos años, por ser absolutamente insatisfactorio y rechazable, ya que ignora el disvalor de la acción y otros criterios que deben ser traídos a cuenta para la configuración del tipo de injusto y la determinación del *quantum* punitivo[65]. Existen muchos aspectos distintos del valor pecuniario de la cosa apropiada que podrían llevar a considerar el hurto de un objeto de escasa cuantía tanto o más grave que el de una cosa económicamente valiosa, como p.ej., en el caso del hurto de poco dinero a una persona muy pobre[66]. La doctrina rechaza, en

---

64 Künsemüller Loebenfelder, Carlos, "Delitos de hurto y robo: las propuestas de reforma del Profesor Jorge Mera versus la Política Criminal chilena", en Justicia Criminal y Dogmática Penal en la era de los derechos humanos, Estudios en homenaje a Jorge Mera Figueroa, Thomson Reuters, 2021, pp. 59 y s.s.

65 Rodríguez Devesa, José María, "Consideraciones generales sobre los delitos contra la propiedad", en ADPCP, 1960, XIII, 1, pp. 37-68.

66 Oliver (2013), cit., p. 159.

general, el subordinar la gravedad de la pena a un elemento meramente externo, objetivo, que bien puede, en muchos casos ordinarios, no estar cubierto por el dolo del agente —el ratero no sabe que la joya que sustrajo, creyendo que es de bagatela y puede obtener rápidamente una suma escasa a cambio mediante su comercialización, es una alhaja única en su género y de altísimo valor, muy superior a las 400 UTM— salvo cuando actúan delincuentes profesionales, especializados en el hurto de objetos de determinadas características y muy alto valor, p.ej., cuadros originales famosos, automóviles de cierta marca y fama[67].

En el ámbito político criminal, ninguno de los APCP replica el sistema de cuantías como único elemento general para la determinación legal de las penas aplicables al hurto. No obstante, los APCP de 2013 y 2015 contemplan una agravante calificada o muy calificada cuando el valor de la cosa apropiada excediere de 500 Unidades de Fomento. El APCP de 2013 contempla una pena de multa o de reclusión —no de prisión— si el valor de la cosa quitada no excediere de 5 Unidades de Fomento. A su turno, el APCP de 2005 incorpora como factor de agravación de la pena que "el hecho revista especial gravedad, en atención al valor de la cosa apropiada o a los efectos especialmente perjudiciales que su pérdida tenga para la víctima". El concepto genérico e impreciso "valor de la cosa apropiada" resulta discutible como fundante del incremento de la sanción, pero hay legislaciones, como p.ej. la portuguesa, que castigan como responsable de hurto calificado a quien hurta "una cosa de valor elevado" o "una cosa de valor considerablemente elevado"[68].

El Proyecto de 2016 (Etcheberry) deja de considerar para la graduación de la pena del hurto el monto o cuantía el daño patrimonial. Si la cosa apropiada fuere de *un valor insignificante,* atendidos los recursos del ofendido, la pena podrá ser atenuada libremente. Esta misma regla se observará cuando la apropiación recayere en medicamentos o productos alimenticios destinados a una apremiante necesidad personal o familiar que hubiere impulsado al hechor, pudiendo llegarse a la exención de pena. (Artículo 225) Cuando el valor de la cosa objeto de apropiación o apoderamiento excediere de 500 UF, se tendrá por concurrente una circunstancia agravante calificada o muy calificada, dispone el artículo 278 del Proyecto de Código Penal enviado al Parlamento por el Poder Ejecutivo en enero de 2022.

---

67 Künsemüller (2021), cit., p. 63.

68 Künsemüller (2021), cit., p. 63.

3. Elementos Subjetivos

3.1. Ánimo de señor y dueño (*animus rem sibi habendi*)

a) El ánimo de señor y dueño es un elemento subjetivo integrante del concepto "apropiación", ya que la conducta típica persigue o busca que el agente se haga dueño de la cosa ajena, se sustituya al legítimo titular en el ejercicio de los derechos patrimoniales de éste; en el hecho, el dueño queda al margen de la esfera de resguardo y custodia de las cosas que le pertenecen, esfera de resguardo que es invadida por el autor del delito, quien ha de actuar con *animus rem sibi habendi*, con el ánimo de tener la cosa como propia, con la intención de comportarse como dueño de la cosa sustraída[69]. La ausencia de este ánimo de dueño excluye la tipicidad, como sucede en el denominado *hurto de uso*, en que el sujeto se apodera de la cosa que no está en su poder para usarla y luego restituirla a su dueño[70].

Nuestro Código no contempla esta figura delictiva —*hurto de uso*— y son numerosas las sentencias que, adhiriendo a una sostenida tendencia doctrinaria, han concluido en la imposibilidad de encuadrar la conducta de que se trata en el tipo de hurto y en la impunidad del mismo, ya sea por ausencia del ánimo de lucro[71], ya sea por ausencia del *animus rem sibi habendi*[72], siendo este último criterio el más prevaleciente y más concordante con la tesis dominante en doctrina, que radica el carácter atípico del apoderamiento efectuado con el propósito de usar la cosa momentáneamente y no de hacerse dueño de ella, en la falta de ánimo de señor y dueño, que le imprime a la acción del que coge la cosa —en el plano subjetivo— su específica tendencia lesionadora del bien jurídico propiedad, "el ladrón quiere llegar a ser de hecho lo que el dueño es de derecho". En una decisión calificable de reciente, se ha acogido por el Máximo Tribunal la tesis de la atipicidad del hurto de uso, siempre que en el caso concreto se pruebe un ánimo diverso al de señor y dueño, como el de restituir el objeto sustraído a su legítimo poseedor o dueño[73].

---

69 Etcheberry (1997), cit., p. 296; Garrido (2000)., cit., p. 161; Oliver (2013), cit., p. 70; Bullemore/MacKinnon (2018), cit., p. 25.

70 Garrido (2000), cit., p. 162-163.

71 Ver fallos en El Derecho Penal en la Jurisprudencia, 2ª edición, T.II, pp. 441 y s.s.

72 Ver fallos en "Hurto-Hurto de uso. Jurisprudencia comentada", Carlos Künsemüller, Temas de Derecho. U. Gabriela Mistral, año XIII, Nro. 1-2, Santiago, 1998, pp. 191 y s.s.

73 SCS, 15.04.2020, Rol 14771-20, cit. en Matus/Ramírez, p. 534.

Como la ley describe el comportamiento como *apropiarse* y no como sustraer o tomar, es exigible, además de la sustracción, el ánimo de dueño, no existiendo actualmente dudas acerca de la atipicidad del hurto de uso[74]. Sin embargo, la impunidad, derivada de la atipicidad de la conducta, está sujeta a que el uso sea meramente temporal, inmediatamente posterior a la sustracción, que no implique la destrucción del objeto apoderado y que tras el uso la cosa sea inmediatamente devuelta a su titular[75].

En el Proyecto de Código Penal de 1938, se establece como causal atenuante el apoderamiento de la cosa para servirse momentáneamente de ella, sin menoscabo de su integridad y siempre que sea restituida o puesta a disposición del dueño o tenedor.

Una pena de reclusión menor en su grado mínimo o multa de 6 a 20 UTM, prevé el artículo 151 del APCP 2005, para el que sustraiga un vehículo motorizado ajeno sin ánimo de apropiárselo, siempre que no haya mediado violencia ni intimidación en la sustracción. En tal virtud, el hecho sigue siendo un delito, pero con pena rebajada. Queda comprendido en esta fórmula el "robo con fuerza de uso", como acontece también en el Código español, conclusión que no es compartida por algunos representantes de la doctrina nacional, quienes estiman que el empleo de la fuerza es revelador del ánimo de dueño[76]. El *Uso indebido de vehículo motorizado* es sancionado con multa o reclusión en el APCP 2013, dentro de los "Otros atentados contra derechos sobre cosas" y lo comete quien sin el consentimiento de quien tuviere legítimamente en su poder un vehículo motorizado lo quitare sin el propósito de apropiárselo o de que un tercero se lo apropie, ni de privar de su aprovechamiento a quien lo tiene. Por su parte, el Proyecto de Código Penal de 2016, dispone en su artículo 226, que si la cosa mueble ajena ha sido sustraída para hacer un uso transitorio de la misma y ha sido luego restituida, el responsable sólo será penado por el daño o menoscabo que haya sufrido la cosa mientras la tuvo en su poder, sin perjuicio de su responsabilidad civil. La pena, en su caso, será de multa y el delito de acción privada. Como puede apre-

---

74 Künsemüller Loebenfelder, Carlos, "Las últimas propuestas de modificación del Código Penal en materia de hurto y robo", en El Derecho Penal como Teoría y Como Práctica. Libro en Homenaje a Alfredo Etcheberry Orthusteguy, Facultad de Derecho. U. de Chile, Thomson Reuters, 2016, pp. 719-721; Etcheberry (1997), cit., p. 306; Oliver (2013), cit., pp. 71-72.

75 Oliver (2022), cit., p. 222.

76 Labatut Glena, Gustavo, Derecho Penal. T. II, Edit.Jurídica, 7ª edición, 2006, p. 196; Politoff, Matus, Ramírez (2005), cit., p. 308.

ciarse, las propuestas más recientes en materia de Política Criminal, se orientan hacia la punibilidad del hecho, contrariando la tesis doctrinaria —dominante— que postula la impunidad del *hurto de uso*[77].

En las iniciativas para una nueva regulación en nuestro ordenamiento —salvo en el Proyecto de 2016— no se ve planteada ninguna exigencia de restitución, directa o indirecta de la cosa, elemento éste, que en algunas legislaciones representa un requisito esencial del tipo, desde que con tal acción, el agente revelaría la ausencia de ánimo de dueño, reconociendo las potestades del legítimo titular —el dominio ajeno— a quien le posibilita materialmente la recuperación del objeto sustraído para utilizarlo. En el texto español, el artículo 244 —"Del robo y hurto de uso de vehículos"— exige al agente que sustrajere o utilizare sin la debida autorización un vehículo o ciclomotor ajenos, sin ánimo de apropiárselo, lo restituya directa o indirectamente, en un plazo no superior a 48 horas; la satisfacción de este requisito hace procedente la pena de trabajos en beneficio de la comunidad o multa. Si el hecho se ejecutare empleando fuerza en las cosas, la pena se aplicará en su mitad superior. El empleo de violencia o intimidación en las personas hace aplicables, "en todo caso", las penas del robo. De no verificarse la restitución en el plazo señalado, se castigará el hecho como hurto o robo en sus respectivos casos. La devolución dentro del plazo establecido hace presumir la ausencia de *animus domini*[78]. La opinión dominante en la doctrina española equipara *animus utendi* y falta de ánimo de apropiación, elemento éste último, calificado de elemento subjetivo del injusto que marca el deslinde con el hurto y el robo propios, delimitando negativamente el injusto típico de las modalidades de uso[79]. Son varias las legislaciones que establecen como delito el hurto de uso, además de la española[80].

3.2. Ánimo de lucro

El artículo 432 exige que el agente se apropie de la cosa mueble ajena con ánimo de lucro, Se trata de un elemento subjetivo, distinto del dolo propio de este delito, que se identifica con el ánimo de señor y dueño,

---

77 Oliver (2022), cit., p. 222; Künsemüller (2016), cit., p. 720.

78 De Vicente Ramírez, Rosario, El delito de robo y hurto de uso de vehículos, Tirant lo blanch, Valencia, 2007, p. 82.

79 González Rus, Juan José, "Robo y Hurto de uso de vehículos", en Compendio de Derecho Penal Español (Parte Especial), Dirigido por Manuel Cobo del Rosal, Marcial Pons, 2000, p. 420.

80 Künsemüller (2016), cit., p. 721.

con el ánimo de apropiación[81]. Junto al *animus rem sibi habendi*, que integra el dolo propio del tipo penal debe concurrir el ánimo de lucro, que consiste en el propósito de lograr una ventaja patrimonial con la apropiación[82]. Se discute en la doctrina si la ventaja o provecho perseguido debe ser exclusivamente de índole patrimonial o puede ser una de cualquiera índole[83]. Algunas sentencias han determinado que el "ánimo de lucro" constituye una disposición anímica de enriquecerse u obtener un aprovechamiento económico ya sea para sí o para otro, que debe ir inserto en el acto de apropiación[84]. La revisión de la literatura pone de manifiesto que actualmente prevalece la tesis de que el ánimo de lucro consiste en la intención de obtener una ventaja cualquiera, pero que sea apreciable económicamente, puesto que el que se apodera de una cosa para destruirla, no puede decirse que obre con ánimo de lucro, por la circunstancia de complacerse con el sufrimiento ajeno. Además, una interpretación restrictiva —beneficio exclusivamente económico— conduciría a que sólo puede incurrir en el delito el que sustrae una cosa para venderla, arrendarla o explotarla en forma semejante[85]. No está demás considerar que la ley sujeta la cuantía de la pena al valor o monto de la cosa sustraída, lo que refuerza la idea de que el provecho o lucro habrá de ser económicamente avaluable.

4. *Clasificación*

Sobre esta materia, reiteramos la clasificación tradicional ya expuesta anteriormente, que distingue entre *hurto simple* (artículo 446), *hurto agravado*(artículo 447) y *hurto de hallazgo*(artículo 448). A estas figuras delictivas clásicas deben agregarse la del artículo 447 bis, introducida por la Ley 20.273 (2008) y las incorporadas como artículos 448 septies y 448 octies, por la Ley 21.488.

El *hurto simple* está constituido por la apropiación de cosa mueble ajena, con los elementos objetivos y subjetivos ya analizados y sin que concurran ni la fuerza en las cosas, ni la violencia o intimidación en las personas, situándose la línea divisoria entre el simple delito (artículo 446) y la falta (artículo 494 bis) en una media UTM (valor de la cosa).

---

81 Etcheberry (1997), cit., p. 305.

82 Garrido (2000), cit., p. 61.

83 Oliver (2022), cit., p. 225.

84 SCA Antofagasta, 11.07.2008, Nro. Legal Publishing 39418.

85 Etcheberry (1997), cit., p. 306; Oliver (2022), cit., p. 224; Bullemore/MacKinnon, cit., p. 33; Matus/Ramírez (2021), cit., p. 522.

El *hurto agravado* está conformado por cuatro hipótesis que pueden conducir a un incremento de la pena —la inmediatamente superior en grado— y que se caracterizan, en general, por un abuso de confianza de parte del agente, quedando excluida la agravante genérica del art. 12[86]. El aumento facultativo de la sanción es considerado justificado por el mayor desvalor que reviste la conducta en los supuestos en que el sujeto ha tenido libre acceso al recinto en que se encuentra la especie sustraída, la cual tiene materialmente a su alcance, en razón de la actividad o trabajo que desempeña, manifestándose en consecuencia, por regla general, un abuso de confianza[87]. Precisamente, por concurrir en estos casos el abuso de confianza, esta disposición es calificada de innecesaria, por cuanto habría bastado con la circunstancia agravante genérica del art. 12 nro. 7 del Código Penal, pero su sola concurrencia no conduce a un aumento de la pena en un grado, que es lo perseguido por el legislador[88].

Ninguno de los APCP ni el Proyecto 2016 (Etcheberry), contemplan estas causales específicas de agravación del hurto, las que han perdido la relevancia social que se les reconocía en el pasado y, de facto, prácticamente carecen de aplicación, ya que su obsolescencia habría quedado demostrada con lo anticuado de los términos con que han sido redactados los supuestos de agravación[89] [90]. Estas causales agravatorias fueron recogidas por la Comisión Redactora del Código Penal del artículo 6º de la Ley General de Hurtos y Robos, de 1840, la que, a su vez, se había inspirado en el Código español de 1822[91].

Algunos autores estiman innecesario iniciar una exégesis de los distintos tipos penales del artículo 447, sobre la base de que se trata, característicamente, de hurtos en el contexto de un tipo penal abierto y de relaciones de subordinación, dependencia o confianza, pudiendo el legislador haber omitido estas calificaciones y haber hecho aplicable la agravante genérica del artículo 12 nro. 7, que podría haber conducido a un hurto agravado[92].

---

86 Etcheberry (1997), cit., p. 307.

87 Vargas Pinto Tatiana/ Piña Rochefort Juan Ignacio, Código Penal, Concordancias, Historia de la Ley, Jurisprudencia, Notas Explicativas, Indice Temático, Thomson Reuters, Códigos Profesionales 2012, p. 429.

88 Oliver (2013), cit., p. 163.

89 Oliver (2013), cit., p. 163.

90 Garrido (2000), cit., p. 171.

91 Oliver (2013), cit., p. 163.

92 Bullemore/Mac Kinnon, cit., p. 34.

Sin perjuicio de lo acertado de las críticas dirigidas al precepto que nos ocupa —es una disposición sobradamente anacrónica, pero que ha subsistido en el tiempo—[93] tratándose de una norma vigente hasta ahora, es procedente, a nuestro juicio, revisarla, siguiendo los lineamientos generales de la doctrina.

4.1. Hurto doméstico (*famulato*). (artículo 447 nro.1)

De acuerdo al artículo 447 nro.1, puede incrementarse la pena "si el hurto se cometiere por dependiente, criado o sirviente asalariado, bien sea en la casa en que sirve o bien en aquella a que lo hubiere llevado su amo o patrón".

A pesar de "lo vetusto"[94] de la terminología utilizada, es posible entender hecha la referencia a un sujeto activo que se encuentra bajo una relación de dependencia personal, siempre que sea asalariada y permanente[95]. De ordinario y conforme a las reglas de prestación de servicios permanentes, el autor del hurto estará unido a la víctima por un contrato de trabajo, de modo que la prestación de servicios ocasionales no parece que pudiera incluirse en este número, dadas las expresiones empleadas en la ley y la referencia posterior al "amo o patrón". Dado que la "permanencia" no significa "perpetuidad", y no se opone a una relación laboral por tiempo determinado[96], algunos autores estiman que la figura podría ser aplicable a los actuales trabajadores de casa particular[97].

El otro requisito exigido, además de las calidades personales (laborales) del sujeto activo y del sujeto pasivo, es el relativo al lugar en que debe cometerse el delito; el texto legal alude a la casa en que se prestan los servicios y a la casa en que el amo o patrón hubiere llevado al dependiente. La primera hipótesis excluye su aplicación en los casos en que el trabajador —"dependiente, criado o sirviente"— comete el hurto en un lugar distinto, aunque pertenezca al empleador, como, por ejemplo, una oficina suya[98]. La segunda sólo opera si el "servidor" ha llegado a la casa ajena acompañado de su "amo" o "patrón" y no simplemente enviado por

93 Garrido (2000), cit., p. 170.
94 Oliver (2013), cit., p. 164.
95 Etcheberry (1997), cit., p. 308; Oliver (2013), cit., p. 164.
96 Etcheberry (1997), cit., p. 309.
97 Politoff/Matus/Ramírez, Lecciones de Derecho Penal Chileno. Parte Especial, Edit. Jurídica, 2005, p. 314.
98 Oliver (2013), cit., p. 165.

éste, ya que, de otro modo, no se podría decir que el empleador "llevó" a su dependiente al lugar del delito[99].

4.2. Hurto del trabajador en establecimiento comercial o industrial (artículo 447 nro. 2, primera parte)

Esta causal de agravación tiene lugar cuando el hurto "se cometiere por obrero, oficial o aprendiz en la casa, taller o almacén de su maestro o de la persona para quien trabaja".

Lo "anticuado" de la terminología empleada es advertida por los autores, quienes destacan lo anacrónico de las relaciones industriales tenidas en cuenta por el legislador, "aún discurre —la disposición— sobre la base de la existencia del maestro, el oficial y el aprendiz que viven en la casa del primero, donde está instalada la industria"[100].

La referencia al agente —*obrero, oficial o aprendiz*— ha dado origen a discrepancias entre los autores. Algunos estiman que las expresiones "obrero" y "casa, taller o almacén", permiten incluir a los obreros que prestan servicios en los establecimientos industriales, pero no podrían quedar incluidos los "empleados", ya que el término "obrero" aún a la época de dictación del Código Penal era netamente distinto de "empleado"[101]. Una aplicación de la analogía *in malam partem* se invoca para rechazar la inclusión de otros trabajadores en esta hipótesis agravada, ya que implicaría extender el tipo penal a casos no regulador por la ley, en perjuicio del inculpado[102]. Otros comentaristas estiman que dado el actual estado de la legislación laboral, las distinciones legales carecen de aplicación y sólo cabe hablar de trabajadores en general, cualquiera sea la función que desempeñen, siempre que lo hagan dentro de una relación laboral[103], entendiendo que nada impide efectuar una interpretación progresiva de la ley, para adecuar su sentido al estado actual de la legislación del trabajo[104].

La ley no hace referencia al sujeto pasivo, de manera que, se postula que, en principio, podría ser el empleador u otra persona, desde que sólo hay una alusión al lugar en que se perpetra el hurto por quien depende de otra persona ("empleador"). Se recomienda, por algún autor,

---

99 Etcheberry (1997), cit., p. 309; Oliver (2013), cit., p. 165.
100 Etcheberry (1997), cit., p. 309; Oliver (2013), cit., p. 165.
101 Etcheberry (1997), cit., p. 310.
102 Garrido (2000), cit., p. 171.
103 Politoff/Matus/Ramírez (2004), cit., p. 316.
104 Oliver (2013), cit., p. 166.

efectuar un análisis caso a caso, a partir del fundamento de la agravación, proponiendo, p.ej., que si un obrero se apropia en su lugar de trabajo de un objeto perteneciente a la empresa constructora para la cual trabaja, concurriría la causal, pero no si hurta una herramienta de trabajo perteneciente a un compañero de labores[105]. Tal parece que las referencias al "maestro" y a la "persona para quien trabaja" el autor del hurto, unidas al fundamento político-criminal de la agravación, conducirían a sostener que únicamente es aplicable respecto de especies pertenecientes a esos sujetos pasivos explícitamente mencionados.

4.3. Famulato impropio (art. 447 nro 2, parte final)

Este motivo de agravación se verifica cuando el delito se comete "por individuo que trabaja habitualmente en la casa donde hubiere hurtado".

Se refiere esta disposición, a la perpetración de hurtos por individuos —sujetos activos— que prestan servicios retribuidos, pero no en forma permanente o continua (jardineros, enceradores de pisos, deshollinadores, limpiadores de ventanas, etc.), sino en forma periódica, una vez a la semana, dos veces a la semana, una vez al mes, etc. y que concurren a prestar servicios a una casa determinada[106].

No es aplicable la disposición a los sujetos que cometen el delito de hurto en la primera ocasión en que asisten a trabajar, no sólo porque no se cumpliría el requisito legal de la habitualidad, sino, además, porque no concurriría el fundamento principal de la agravación, al no existir aún la confianza necesaria para no ejercer una vigilancia continuada[107].

Esta causal exige que el lugar de comisión del delito sea la casa en que el agente trabaja, la que ordinariamente corresponderá al hogar o residencia de quien contrata al autor del hecho[108]. Esta circunstancia no impediría, a juicio de un comentarista, que se invoque la causal de agravación cuando quien encomienda los servicios tiene su morada en otro lugar, lo que ocurriría, p.ej., si una persona es contratada para que, una vez al mes, limpie las ventanas de una oficina de abogados, circunstancia de que se prevale para apropiarse de especies[109].

---

105 Oliver (2013), cit., p. 166.

106 Etcheberry (1997), cit., p. 310; Oliver (2013), cit., p. 167.

107 Oliver (2013), cit., p. 167.

108 Oliver (2013), cit., p. 168.

109 Oliver (2013), cit., p. 168.

4.4. Hurto del posadero (art. 447 nro. 3)

Tiene lugar esta agravación cuando el delito "se cometiere por el posadero, fondista u otra persona que hospede gentes en cosas que hubieren llevado a la persona o fonda".

Lo anticuado —actualmente— de los términos empleados por el legislador es destacado por los autores[110], entre los cuales existe, sin embargo, discrepancia en cuanto al sujeto activo (posadero o fondista), esto es, cuál es el sentido y alcance que cabe dar, vía interpretación, a estas expresiones. En opinión de Garrido, la interpretación de los términos legales debe efectuarse de manera restrictiva, de modo de no extender la norma a hipótesis no contempladas en ella; "una posada no es un hotel, una fonda no es una cafetería"[111]. Otros autores son proclives a "una interpretación que ajuste el sentido de la ley a la situación actual", utilizando la expresión "empresario hotelero",[112] "los empresarios del rubro"[113]. Cabe agregar que, como lo hace un comentarista, la ley, tras aludir al posadero o fondista, amplía la calificación del sujeto activo a "otra persona que hospede gentes"[114].

Resulta discutible si el precepto agravatorio puede incluir o no a los empleados del establecimiento que hospeda a personas, teniendo en cuenta que la interpretación de la disposición autorizaría sólo a incorporar como sujetos activos a los dueños o encargados de la posada, fonda u hotel. A juicio de Etcheberry, no es necesario que se trate, precisamente, del propietario del establecimiento, puede ser el administrador y aún cualquiera de los empleados que lo auxilian y que no sean sirvientes domésticos[115]. Frente a este criterio, se argumenta que los empleados del establecimiento no son quienes hospedan a los pasajeros, sólo tendrían esta categoría los "empresarios del rubro"[116]. Una interpretación restrictiva, como la que corresponde hacer frente a circunstancias de agravación, aunque sean facultativas, llevaría a concluir que el precepto no podría aplicarse a los empleados del establecimiento hotelero, ya que ellos no son los que "hospedan gentes", sino que efectúan labores auxiliares respecto del propietario, y resulta muy difícil sostener que, en el caso de "sir-

---

110 Oliver (2013), cit., p. 168; Matus/Ramírez (2021), cit., p. 536.

111 Garrido (2000), cit., p. 172.

112 Oliver (2013), cit., p. 169;

113 Matus/Ramírez (2021), cit, p. 536.

114 Oliver (2013), cit., p. 169.

115 Etcheberry (1997), cit., p. 310.

116 Oliver (2013), cit., p. 169; Matus /Ramírez (2021), cit., p. 536.

vientes" o "empleados" de un hotel o posada pueda surgir un vínculo de confianza tal, del cual se aproveche o prevalga el autor del hurto ya que el sujeto pasivo estará normalmente hospedado por un tiempo breve, determinado. Parece evidente que las cosas ajenas están bajo la custodia o resguardo del "hotelero" o "empresario", no de sus subordinados o empleados, p.ej., un botones, un ascensorista o un "barman".

4.5. Hurto del transportista y el bodeguero. (art. 447 nro. 4)

Las expresiones empleadas por el legislador —"patrón o comandante de buque, lanchero, conductor o bodeguero de tren, guarda-almacenes, carruajera, carretero o arriero"— son consideradas como poseedoras de un sentido que subsiste hasta la actualidad y que no permiten cubrir medios de transporte modernos como los vehículos motorizados y los aviones. Por tanto, no puede extenderse su aplicación al transporte por carretera y al aéreo[117]. Garrido estima que la norma es aplicable únicamente a las personas que especifica el precepto, respecto de quienes se han puesto bajo su custodia los bienes de otros, "sólo al comandante del buque, no a los marineros y servidores del mismo"[118]. Etcheberry entiende que es aplicable la causal de agravación no sólo al empresario, conductor o capitán, sino también a sus subordinados u obreros[119].

Sin perjuicio de las diferentes interpretaciones en torno a las disposiciones legales revisadas, cabe reiterar lo ya dicho, en cuanto a que ellas "han perdido la trascendencia social que se les reconocía en el pasado y, de facto, prácticamente, carecen de aplicación"[120].

Ninguno de los APCP contiene disposiciones similares a las vigentes, recién examinadas, como tampoco el Proyecto (2016) del profesor Etcheberry, no obstante lo cual, es pertinente efectuar una referencia al artículo 287 del Proyecto de Ley que establece un Nuevo Código Penal (Mensaje 431-369), disposición que contempla una circunstancia agravante para el delito de hurto —artículo 276— "concerniente a la persona del dueño, administrador o trabajador del hotel u hospedería donde se encontrare alojando la persona afectada", texto del cual se desprende una ampliación de los sujetos activos del ilícito, que comprende al trabajador del hotel u hospedería, criterio objetado por la mayoría de los autores con respecto al actual numeral 4º del art. 447 del Código Penal,

---

117 Oliver (2013), cit., p. 537.

118 Garrido (2000), cit., p. 172.

119 Etcheberry (1997), cit., p. 310.

120 Garrido (2000), cit., p. 171.

reproduciéndose, por tanto, a propósito del texto propuesto, la discrepancia doctrinaria.

Con respecto al *hurto de hallazgo*, ya hemos aludido a la tendencia dominante en el Derecho Comparado, que sitúa estos casos en el ámbito de la apropiación indebida y no en el tipo de hurto, criterio éste, acogido en el artículo 147 del APCP 2005. No obstante, el Proyecto de Código Penal 2016, mantiene esta hipótesis en el campo del hurto (artículo 227). Estimamos innecesario hacernos cargo del análisis detallado de las dos situaciones descritas el artículo 448, toda vez que nuestros autores han cumplido cabalmente esta tarea[121].

El hurto de cosas que forman parte de redes de suministro de servicios públicos o domiciliarios, tales como electricidad, gas, agua, alcantarillado, colectores de aguas lluvia o telefonía, caracterizado por el objeto material de la acción, se halla tipificado y sancionado con la pena de presidio menor en sus grados medio a máximo, esto es, desvinculada del valor de la cosa, en el nuevo artículo 447 bis, introducido al Código Penal por la Ley 20.273. Este precepto dispone en su inciso segundo, que la pena se aplicará en su grado máximo si con ocasión de alguna de las conductas señaladas se produce la interrupción o interferencia del servicio. En sus comentarios, los autores no le atribuyen a este tipo penal mayores peculiaridades, fuera de la ya indicada, relativa a la naturaleza de la cosa apropiada, debiendo concurrir todos los requisitos del hurto común[122]. En todo caso, ha de advertirse que si la apropiación de alguno de estos objetos especiales se verifica en un bien nacional de uso público o en un sitio no destinado a la habitación, con empleo de alguna de las modalidades de fuerza en las cosas que prevé el art. 443, el delito resultante no será el hurto, sino el robo tipificado en este último artículo, estando asignada en ambos casos —hurto y robo— la misma pena, "lo que es un contrasentido, dado el mayor disvalor de acción del robo con fuerza en las cosas en comparación con el hurto"[123].

La acción de hurtar (o robar) troncos o trozas de madera constituye el delito de "sustracción de madera", que mediante el artículo 448 septies, forma parte del nuevo Párrafo IV ter Título IX del Libro Segundo del Código Penal. Desde que la conducta típica consiste en *hurtar* los objetos indicados, han de concurrir todos los elementos establecidos en

---

121 Etcheberry (1997), cit., pp. 311-313; Garrido (2000), cit., pp. 173-178; Oliver (2022), cit., pp. 256-261.

122 Matus/Ramírez (2021), cit., pp. 537- 538; Oliver (2022), cit., pp. 204-205.

123 Oliver (2022), cit., p. 265.

el artículo 432 del estatuto punitivo, configurativos del tipo de hurto. Las penas asignadas a este delito son las establecidas en los párrafos II, III y IV del Título IX. Cuando la madera sustraída tenga un valor que exceda de las 10 UTM se aplicará, además, la pena accesoria de multa de 75 a 100 UTM. En el evento que la madera sustraída —hurtada— tenga un valor superior a las 50 UTM o si la sustracción obedece a un proceder sistemático u organizado, podrán aplicarse ciertas técnicas especiales de investigación, previstas en el artículo 226 bis del Código Procesal Penal. A su turno, el artículo 448 octies castiga como autor de sustracción de madera, con las penas previstas en el artículo 446, a quien en cuyo poder se encuentren troncos o trozas de madera, cuando no pueda justificar su adquisición, su legítima tenencia o su labor en dichas faenas o actividades conexas destinadas a la tala de árboles y, del mismo modo, al que sea habido en predio ajeno, en idénticas faenas o actividades, sin consentimiento de su propietario ni autorización de tala. De este precepto, cuya redacción no es un monumento a la claridad y precisión, se desprende que se castiga como autor de sustracción de madera a quien no se ha apropiado de ninguna cosa ajena, con grave infracción al principio de tipicidad.

En efecto, los sancionado es la tenencia no justificada de troncos o trozas de madera y la presencia del sujeto activo en determinado lugar. Es, a nuestro entender, un *delito de sospecha,* en que la tenencia de determinados objetos o la presencia en determinado lugar hace presumir la perpetración del delito de sustracción de madera, como hecho anterior, con infracción también —a nuestro juicio— del principio de culpabilidad, ya que se castigará al agente como *autor de sustracción de madera,* es decir, de una conducta que no ha realizado. De acuerdo al inciso 2° del artículo 448 octies, se castiga a quien falsifique o maliciosamente haga uso de documentos falsos para obtener guías o formularios con miras a trasladar o comercializar madera de manera ilícita; se trata, entonces, de un atentado a la fe pública que actúa como medio o instrumento para trasladar o comercializar madera de manera ilícita, pero esta conducta —“trasladar o comercializar madera de manera ilícita”— que sería el hecho principal, al cual accede la falsificación o uso malicioso, no se encuentra penalizado en la normativa del nuevo Párrafo IV del Título Noveno del Libro Segundo del Código Penal. Habría que entender que se trata de una conducta posterior a la sustracción o apropiación de madera y que tendría por finalidad el encubrimiento de esta acción.

Capítulo III

DELITO DE ROBO CON FUERZA EN LAS COSAS

1. Características

De acuerdo al artículo 432 del Código Penal, la apropiación de cosa mueble ajena con fines lucrativos y ánimo de dueño, se desplaza desde el hurto a la figura de robo, cuando el medio para lograr la apropiación es el empleo de *fuerza en las cosas.* Aún cuando la conducta típica es la misma —apropiación de cosa mueble ajena, con los demás elementos— ella se desvincula y separa del hurto y pasa a integrar otro tipo penal distinto, regulado en los artículos 440, 442 y 443 del texto punitivo, siendo la *ratio legis* el hecho de que la utilización de algunos de los medios que constituyen la *fuerza en las cosas* conduce a una mayor pena; desde ya, cabe hacer notar que este veredicto no siempre se cumple, ya que hay casos de hurto que reciben mayor sanción que el robo[124].

La Ley Nacional sobre Hurtos y Robos, de 1849, adoptó el criterio seguido por numerosas legislaciones, cual es el de calificar al robo con fuerza en las cosas como una figura de hurto agravado por los medios comisivos utilizados. La Comisión Redactora del Código Penal prefirió seguir a su modelo español —texto en el cual el empleo de fuerza en las cosas y de violencia o intimidación en la personas daban origen al robo— acordando en la Sesión 90, "considerar ambos delitos como independientes y esencialmente distintos, rechazando la idea de reputar el robo como una especie del género hurto"[125].

El examen de los ordenamientos jurídicos de nuestro entorno cultural pone de manifiesto una tendencia sostenida que distingue sólo el hurto y el robo con violencia o intimidación en las personas como dos formas de apoderamiento de cosa mueble ajena por medios materiales, desconociéndose en la mayoría de los códigos el tipo penal previsto en los artículos 440, 442 y 443 del Código Penal chileno. Excepción a esta tendencia legislativa la constituye el Código español, texto que en la reforma global de 1995, mantuvo la figura delictiva del robo con fuerza en las cosas, ignorando la cerrada objeción dirigida al texto anterior por

---

124 Künsemüller (2021), cit., p. 67 y s.s.

125 Etcheberry (1997), cit., p. 315.

numerosos autores, entre ellos, Muñoz Conde, Quintero Olivares, Gómez Benítez, Huerta Tocildo y muchos otros, que no mencionamos por razones de espacio[126].

Ya en la década de 1960, Rodríguez Devesa había planteado que por razones de una buena Política Criminal debía ponerse término a la confusión entre el robo con violencia o intimidación y el cometido empleando fuerza en las cosas, proponiendo como "mejor solución", la de llevar al capítulo del hurto los que hoy son robos con fuerza en las cosas[127]. Este delito lo configuraba con "una gravedad intermedia", entre el robo genuino, que es el violento, y el hurto[128]. Una autora —Profesora de Derecho Penal— de los años 90, ha expresado que "Ontológicamente el robo con fuerza en las cosas no manifiesta ninguna diferencia con el delito de hurto, como ha señalado de forma unánime la doctrina penal española"[129]. Muñoz Conde, participante de la doctrina unánime española, señala que "el calificar el empleo de fuerza en las cosas como robo es un sistema poco monocorde con la realidad criminológica que subyace en el fondo de estos delitos. El robo propiamente dicho es el de la violencia o intimidación en las personas, es decir, el robo de las figuras típicas criminológicas del bandolero o del *gangster.* En cambio, el uso de fuerza en las cosas no constituye una peculiaridad frente al hurto simple, y quien la utiliza puede hacerlo de una forma transitoria por no poder conseguir la cosa de otro modo. Aun cuando determinados modos de comisión, escalo, uso de llaves falsas, etc., pueden revelar una cierta profesionalidad o habitualidad del autor, esto es una cosa a tener en cuenta para determinar la pena a aplicar, pero no para una diferencia dogmática con el hurto"[130]. También Gómez Benítez sitúa la única diferencia entre hurto y robo en la presencia de violencia o intimidación en las personas, este es el dato más relevante que permite establecer la mayor o menor gravedad del delito atendiendo a elementales valoraciones político-criminales y de necesidad preventivo-general de la pena. Si está ausente ese medio comisivo, el hecho constituye un hurto[131]. Es imposible hallar

---

126 Künsemüller (2021), cit., p. 67.

127 Rodríguez Devesa (1960), cit., p. 60.

128 Rodríguez Devesa (1960), cit., p. 60 y s.s.; Derecho Penal. Parte Especial, Madrid, 1992, p. 449.

129 Valmaña Ochaita Silvia, El tipo objetivo de robo con fuerza en las cosas, Ministerio de Justicia, Centro de Publicaciones, Madrid 1993, p. 13.

130 Muñoz Conde (1990), cit., p. 228.

131 Gómez Benítez, José Manuel, "Delitos contra el patrimonio (hurtos, robos, estafas e insolvencias punibles)", en Documentación Jurídica (Mo-

una afirmación más categórica que la de Bustos Ramírez: "el llamado robo con fuerza no encuentra justificación, y debería ser simplemente un hurto agravado, ya que las diferencias típicas por estar referidas al mismo patrimonio (daños) o solo a la intimidad (violación de morada), no establecen una división profunda (así, aun en el caso de violación de morada no se ve razón para diferenciar entre el sujeto que entra por la puerta entreabierta y coge el televisor, o el que escala hasta la ventana abierta y coge el televisor, en uno y otro caso hay violación de morada, pero uno será hurto y otro robo, pareciera que bastaría simplemente con una agravante en determinados casos.)"[132]. La proximidad con el hurto es mucho mayor en el robo con fuerza en las cosas que en el robo con violencia o intimidación, hasta el punto de que la doctrina coincide en señalar la falta de sustantividad del primero, cuya existencia separada del hurto no tiene justificación, ni técnicamente, ni criminológicamente[133].

La justificación clásica de la bipartición —hurto /robo con fuerza— estuvo radicada en el supuesto carácter pluriofensivo del robo con fuerza en las cosas —especial intensidad del ataque a los medios de protección de los bienes guardados en una esfera de custodia ajena, con invasión en la órbita de intimidad personal y puesta en peligro de otros bienes jurídicos de gran valor. "El fundamento de la diferencia entre el robo con fuerza en las cosas y el hurto se sitúa, no solo en que en el robo el autor haya de quebrantar las defensas opuestas por el propietario, sino en que su ataque al patrimonio puede conllevar una lesión de la intimidad. Sólo desde esta perspectiva la distinción hurto— robo con fuerza en las cosas adquiere una cierta viabilidad"[134]. Algunas sentencias del TS han sustentado la tesis de que en los robos con fuerza en las cosas en "casa habitada o alguna de sus dependencias", el fundamento de la punibilidad reside en la inviolabilidad del domicilio, la defensa de la "santidad" del hogar y de su intimidad[135].

El criterio de la pluralidad de bienes jurídicos protegidos, es puesto en duda por la mejor doctrina, argumentando que el bien jurídico agredido en el robo con fuerza en las cosas es la propiedad, el mismo que en el delito de hurto. Por tanto, no existiendo la supuesta pluriofensividad,

---

nográfico dedicado a la Propuesta de Anteproyecto de Nuevo Código Penal), 1983, 37/40, pp. 688-709.

132 Bustos Ramírez, Juan, Manual de Derecho Penal. Parte Especial, Ariel, 1991, p. 169.

133 González Rus (2000), cit., pp. 395-396.

134 Valmaña Ochaita (1993), (con cita de Vives Antón), cit., p. 18.

135 Valmaña Ochaita (1993), cit., p. 90.

no hay razones para mantener el tratamiento del robo con fuerza en las cosas como figura distinta del hurto, "ontológicamente" son iguales, no presentan diferencias típicas[136].

En la doctrina nacional. Etcheberry reconoce que no existe en este caso otro bien jurídico lesionado que no sea la propiedad[137]. Sin embargo, el artículo 229 de su Proyecto de Código Penal para Chile (2016), castiga, bajo el título de "Robo con fuerza en las cosas", la apropiación ejecutada mediante entrada en un lugar que sirve ordinariamente de habitación a una o más personas, aunque éstas se encuentren transitoriamente ausentes, utilizando alguno de los medios señalados en los nros. 1 y 2 del artículo 228, sobre hurto agravado[138]. Por tanto, es el carácter del lugar —servir de habitación— el único factor que determina la calificación de robo, ya que los medios de ejecución son propios del hurto[139]. A juicio de Oliver, no se advierte en la regulación del robo con fuerza en las cosas algo que permita suponer que su mayor penalidad obedezca a la afectación de intereses que vayan más allá de los valores estrictamente patrimoniales[140]. En opinión de Van Weezel, "el robo con fuerza en las cosas aparece así fundamentalmente como un delito contra la propiedad, un hurto calificado por el uso de medios invasivos de apropiación"[141]. Sin embargo, algunas sentencias han otorgado al robo con fuerza en las cosas cometido en lugar habitado, el carácter de delito pluriofensivo, porque no sólo se ve afectada la integridad física de las personas, sino que también la inviolabilidad del hogar, haciendo presente, además, la existencia del interés público en la represión de este ilícito[142].

El concepto de *fuerza en las cosas* empleado por la ley es equívoco, ya que pareciera aludir a la aplicación de energía física sobre las cosas u objetos mismos que son apropiados, situación que es propia del hurto, ya

---

136 Künsemüller (2021), cit., p. 68; Valmaña (1993), cit., p. 13.

137 Etcheberry (1997), cit., p. 315.

138 1)Utilización de escalamiento, entrada por vía no destinada al efecto, mediante forado, rompimiento de paredes, pisos o techos, fractura de puertas o ventanas, uso de llaves falsas o de verdaderas sustraídas, halladas o retenidas, empleo de ganzúas o instrumentos semejantes. 2) Cuando se hubieren destruido, inutilizado o neutralizado los dispositivos de alarma o seguridad que protegen el lugar.

139 Proyecto de Código Penal para Chile. Introducción, p. 38.

140 Oliver (2013), cit., p. 203.

141 Van Weezel de la Cruz, Alex, "Capítulo XII, Hurtos", en *Beccaria 250 años después.Dei delitti e delle pene,* Jean Pierre Matus (director), BdeF, 2011, pp. 245-257.

142 SCA Antofagasta, 08.07.2009, Nro Legal Publishing 42246.

que la cosa ha de ser tomada, cogida y extraída de su esfera de resguardo. El "verdadero concepto" de fuerza en las cosas está referido al empleo de fuerza física para vencer una especial protección cuyo objetivo es defender, amparar materialmente el objeto frente a una acción apropiatoria. La fuerza es entonces la que se aplica sobre los elementos que resguardan, protegen las cosas muebles ajenas, elementos que no están circunscritos únicamente a medios físicos o materiales, sino que comprenden también medios astutos o engañosos.(Artículo 440, numeral 3°)[143].

El TS español ha sostenido que el concepto de *fuerza* no se corresponde, ni menos se circunscribe, al concepto semántico de fuerza, sino que el Código Penal entiende por tal cuando para el aprovechamiento de las cosas muebles ajenas se emplea cualquiera de los medios comisivos que especifica el texto legal, con los que todo aprovechamiento que se realice violentamente, forzando, empleando el esfuerzo humano, directa o mecánicamente ayudado, para dolosamente quebrantar los medios de protección que el propietario adoptó para la defensa de su patrimonio entran dentro del concepto legal de fuerza en las cosas para configurar este delito[144]. La decisión pronunciada el 31.10.1988 por el TS, se encarga de precisar, con criterio didáctico, que no toda fuerza transforma el hurto en robo y que el legislador ha dado un concepto legal de la fuerza en las cosas a los efectos de tipificar el robo de esta denominación, distinto del gramatical situando entre las distintas modalidades de tal fuerza en sentido jurídico penal, aquellos supuestos en los que el sujeto activo despliega una mayor energía para vencer el obstáculo con que el dueño o titular de la cosa sustraída refuerza su custodia o aquellos otros en los que se utilizan mecanismos para su apoderamiento[145].

2. *Propuestas de lege ferenda*

Mera Figueroa, con cuya opinión hemos concordado[146], propone la derogación de esta figura delictiva, relegando a una hipótesis de hurto agravado el *plus* que podría involucrar una apropiación llevada a cabo con destrucción o superación de los resguardos destinados a impedir la

---

143 Etcheberry (1997), cit., p. 316.

144 STS, 03 de abril y 09 de junio de 1981; STS 27.03 y 06 de noviembre de 1982; 02 y 15 de febrero y 13 de octubre de 1983; STS, 12 de marzo de 1984; Cit. en Valmaña (1993)p. 30, quien menciona por su fecha numerosas otras sentencias.

145 Cit. en Valmaña (1993), pp. 31-32.

146 Künsemüller (2021), cit., p. 69.

extracción de la cosa, punto de vista que comparte Oliver, quien cita varios códigos foráneos que acogen esta fórmula[147].

Con base en estos predicamentos, la conformación de los distintos tipos penales, debería comprender sólo dos figuras delictivas: el hurto, constituido por las apropiaciones con o sin fuerza en las cosas y el robo, reducido únicamente a los atentados patrimoniales perpetrados con violencia o intimidación.

La propuesta en cuestión, conocida en doctrina como "vía germánica", resulta sin duda correcta y aceptable, desde una óptica político-criminal realista, ya que permite establecer una conminación penal más severa para las agresiones patrimoniales verdaderamente pluriofensivas, que involucran, además del detrimento pecuniario, una lesión o peligro serio para bienes jurídicos de superior jerarquía, personalísimos, como la vida humana, la salud individual, la integridad física, la libertad (ambulatoria y/o sexual).

El APCP 2005 establece como causal de agravación del hurto de cosas que se encuentran en lugares cerrados o sus dependencias, el ingreso mediante escalamiento, por vía no destinada al efecto, mediante forado, rompimiento de paredes, pisos o techos, fractura de puertas o ventanas o uso de llaves falsas, ganzúas u otros instrumentos semejantes o la destrucción, inutilización o neutralización de los dispositivos de seguridad con que cuenta la cosa. Sin embargo, mantiene el proyecto un "robo con fuerza en lugar habitado", cuya conducta típica es apropiarse de cosa mueble ajena entrando a un lugar habitado o destinado a la habitación o en sus dependencias, con alguna de las circunstancias antes mencionadas como fuentes de la agravación del hurto. Es decir que las particularidades del ingreso en la custodia ajena sirven tanto para configurar un hurto como un robo con fuerza en las cosas, situándose la diferencia en las características de la esfera de custodia que se invade y desde donde se extraen las especies.

Las propuestas siguientes —APCP 2013 y 2015— suprimen el tipo de robo con fuerza en las cosas, adhiriendo a la tendencia doctrinaria y político-criminal dominante. El APCP 2013 contempla un delito de "hurto grave", que, entre otros medios de comisión incluye los siguientes: quitar la cosa a otro venciendo los resguardos dispuestos para impedir el acceso a ella, o su remoción, sin su consentimiento, vencer el cierre de puertas, armarios, cajones u otras delimitaciones físicas de espacios, usar llaves u otros mecanismos de apertura que hayan sido apropiados, quitados o

---

[147] Mera (1994), cit., p. 90; Oliver (2013), cit., p. 205.

reproducidos sin consentimiento de aquel a quien se quita la cosa; quitar a otro la cosa desde un espacio cerrado al cual se ingresó por vía no destinada al efecto sin el consentimiento de aquel a quien se la quita o en cuyo interior se permaneció sin su consentimiento. Un "hurto gravísimo" lo comete quien ingresa a un espacio cerrado que sirve actualmente de morada a otro, sin su consentimiento, por vía no destinada al efecto o con vencimiento de los resguardos dispuestos para impedir el ingreso. En el APCP 2015 se mantiene esta última figura delictiva, pero en la categoría de "hurto grave", asignándole una pena privativa de libertad de 1 a 4 años. Los restantes casos de "hurto grave" son castigados con prisión de 1 a 3 años, incluyéndose aquí la sustracción de la cosa venciendo los resguardos dispuestos para impedir el acceso a ella o su remoción, o usando llaves u otros mecanismos de apertura cuyo uso no le esté autorizado y la sustracción de la cosa desde un espacio cerrado al cual se hubiere ingresado por vía no destinada al efecto.

El APCP 2018 reproduce estas dos últimas modalidades de "hurto grave" del APCP 2015 y contempla en forma separada un "hurto en morada ajena", que corresponde exactamente al "hurto gravísimo" postulado por el APCP 2013 (ingreso a espacio cerrado que sirve de morada a otro), asignándole la pena privativa de libertad de 2 a 5 años de reclusión o prisión, inferior, en todo caso, a la establecida en el artículo 440 del Código Penal, presidio mayor en su grado mínimo (5 años y un día a 10 años), sin perjuicio de los motivos de agravación ya referidos. En el Proyecto Etcheberry (2016), se mantiene el robo con fuerza en las cosas, circunscrito a la entrada en un lugar que sirve ordinariamente de habitación a una o más personas, aunque éstas se encuentren transitoriamente ausentes. El Proyecto de Ley que establece un Nuevo Código Penal (Mensaje del Ejecutivo Nro. 431-369), contempla la misma nomenclatura típica contenida en el APCP 2018.

3. Disfunciones del Código vigente

Además de la *exasperante casuística,* que distingue siete lugares o recintos diferentes en que se verifica la apropiación mediante fuerza de cosa ajena, las disfunciones se manifiestan con particular intensidad en el *quantum punitivo.*

La pena establecida en el artículo 440 para el robo en lugar habitado, destinado a la habitación o en sus dependencias —presidio mayor en su grado mínimo— es igual a la prevista para la lesiones gravísimas en el artículo 397, delito que acarrea consecuencias *catastróficas* para los bienes jurídicos protegidos. Es superior —en cuanto al umbral mínimo— a la pena asignada al estupro (artículo 363), también a la pena asignada al abuso sexual de persona mayor de 14 años (artículo 366 inciso primero), a la prevista para el auxilio al suicidio (artículo 393) —delito de peligro para la vida humana autónoma— a la establecida para el maltrato corporal relevante de un niño, niña o adolescente menor de 18 años (artículo 403 bis). En el caso del robo en lugar no habitado (artículo 442), la pena es la misma que la del robo por sorpresa (artículo 436 inc. 2°), en que hay un arrebatamiento directo de la o de las especies que el ofendido lleva consigo y, por consiguiente, cabría apreciar apreciarse un mayor ataque al bien jurídico propiedad, el que es tratado en la ley —en virtud de una ficción— como una forma de robo violento ("se considerará como robo").

Se habla de "irracional penalidad"[148], puesto que en el caso del robo con fuerza tipificado en el art. 440 del Código Penal, la agresión a bienes jurídicos de mucho mayor jerarquía que la propiedad, es amenazada con el mismo o menor rigor punitivo, lo que pone en entredicho el principio de proporcionalidad, limitativo del *ius puniendi* estatal y constitutivo de una barrera que el legislador no debiera sobrepasar. "Ningún principio constitucional de los que afectan al sistema penal ha sufrido un auge tan extraordinario a nivel internacional en los últimos años como el principio constitucional de proporcionalidad"[149]. El profesor Mera hace presente que uno de los aspectos que la doctrina actual considera para apreciar la proporcionalidad —vinculada a la humanidad y racionalidad de las penas— está constituido —además de la culpabilidad y de las razonables consideraciones relativas a la prevención general y especial— por la relación que debe existir entre la entidad del bien jurídico y la cuantía de la pena. "Es el propio ordenamiento jerárquico de los bienes jurídicos establecidos en la Constitución el que se resiste en los casos de desproporciones tan significativas como las que se viene anotando[150].

La desproporción de las penas —que vulnera el tradicional principio de proporcionalidad entre la gravedad del delito y la gravedad de la pena— con el efecto trascendental de ribetes constitucionales denunciado por Mera, queda de manifiesto si se considera la sanción penal asig-

---

148 Künsemüller, (2004) cit., p. 466.

149 Aguado Correa, Teresa, "El principio de proporcionalidad en Derecho Penal. Especial consideración de los delitos de peligro abstracto", en El Principio de Proporcionalidad Penal, Directores Juan Antonio Lascuraín y Maximiliano Rusconi, Ad-Hoc, 2014, pp. 29 y s.s.

150 Mera (1994), cit., p. 23.

nada al quebrantamiento de la inviolabilidad de la morada —inherente al robo con fuerza cometido en tal recinto— invasión ésta, que según algunos autores marca una diferencia palpable con el hurto. En efecto, la pena prevista en el artículo 440 es presidio mayor en su grado mínimo y la establecida en el artículo 144, inciso primero, es reclusión menor en su grado mínimo o multa, tratándose, atendida su baja penalidad, de un verdadero delito *de bagatela*, no obstante la elevada jerarquía —constitucional— del bien jurídico lesionado. El empleo de violencia o intimidación por parte del invasor en la morada ajena, permite al tribunal aplicar *facultativamente* como pena la de reclusión menor hasta en su grado medio y elevar la multa (artículo 144, inciso segundo). Se trata, en consecuencia, de un ilícito de escasa gravedad, no obstante el empleo de un medio comisivo particularmente repudiable (violencia o intimidación), que, por regla general, acarrea una respuesta penal especialmente drástica, requerida precisamente por las exigencias del principio de proporcionalidad, como ocurre, p.ej., en las figuras de robo tipificadas en los artículos. 433 y 436 inciso 1°. En la situación que analizamos —invasión violenta en la morada ajena— lo que resulta irracional es que para ingresar en la morada se dañan o ponen en peligro bienes jurídicos personalísimos, encontrándonos, por tanto, frente a una agresión de mucha mayor gravedad que en el robo con fuerza en las cosas, cuyo tipo excluye esa clase de ataques y cuyo objeto jurídico protegido es sólo la propiedad, como lo proclama la opinión dominante.

La proximidad con el hurto es mucho mayor en el robo con fuerza en las cosas que en el robo con violencia o intimidación en las personas; la doctrina española mayoritaria apunta a la falta de sustantividad del robo con fuerza, cuya existencia separada del hurto no se justifica ni criminológica ni técnicamente[151]. Destacan los penalistas hispanos que las diferencias entre ambos delitos se ven alteradas en el Código vigente debido a ciertas inconsecuencias en las penalidades respectivas[152].

Notorias inconsecuencias se advierten también en el estatuto punitivo chileno. La diferente graduación sistemática y de gravedad que la ley atribuye a los delitos de hurto y robo con fuerza en las cosas (sobre la base de una presunta diferencia sustancial) se ve fuertemente contradicha por la circunstancia de que las figuras de hurto del art. 446 nro 1 y de robo del art. 442 tienen asignada idéntica penalidad. Lo mismo ocurre con la figura del art. 443. Es más, la figura penal más grave del hurto —

151 González Rus (2000), cit., p. 395.

152 González Rus (2000), cit., p. 395.

art. 446 inciso final— está conminada con una pena privativa de libertad superior a la establecida para el robo con fuerza del art. 442 y, además, con multa; se trata, entonces, de una sanción doblemente más gravosa, para una conducta que sólo lesiona la propiedad ajena y no daña ni pone en peligro otros bienes jurídicos. ¿Dónde queda la diferencia estructural, basada en la especial intensidad de la agresión a los medios de resguardos de las cosas ajenas? Al final, termina imponiéndose el criterio *monetarista*, si la cosa apropiada vale más de cierta cuantía —400 UTM— su apoderamiento furtivo o clandestino, sin otra fuerza que no sea la propia del hurto y sin violación de la morada, es reputado de mayor gravedad y recibe un castigo más riguroso que en los casos en que concurre el ataque propio del robo con fuerza en las cosas[153]. Ahora bien, la existencia de ciertas normas especiales, que elevan la penalidad del robo con fuerza en las cosas —sólo para casos determinados— no alteran la razonabilidad de las apreciaciones precedentes, compartidas, en general, por la doctrina nacional[154].

4. Sistematización del robo con fuerza en las cosas

4.1. Clasificación

De acuerdo a la nomenclatura actual de nuestro Código procede distinguir varias figuras derivadas del tipo central —robo con fuerza en las cosas— vinculadas, esencialmente, al lugar o sitio en que el apoderamiento tiene lugar.

A. Robo con fuerza en las cosas en lugar habitado o destinado a la habitación o en sus dependencias

El art. 440 tipifica estas hipótesis de robo, vinculadas, además del lugar o sitio en que se perpetra el apoderamiento, al o los medios que utiliza el sujeto activo para hacerse en el hecho, dueño de la cosa ajena.

En efecto, en los numerales 1 a 3, se detallan los medios o instrumentos que ha de utilizar el agente para introducirse en la esfera de custodia ajena y apropiarse de la cosa ajena.

Esta figura de robo es la de mayor gravedad, fundada en el sitio o lugar donde se efectúa la extracción de la cosa mueble ajena, teniendo

153 Künsemüller (2021), p. 73.

154 Oliver (2013), cit., pp. 202 y s.s.

también incidencia los medios de ejecución, que se describen de manera taxativa.

Habitar significa, según el Diccionario de la RAE, "vivir", "morar" y habitación significa "edificio o parte de él que se destina a vivienda"; "vivienda", a su turno, es "morada, habitación".

Es opinión dominante la que identifica el lugar habitado con el lugar que sirve, en el momento del delito, de morada, albergue u hogar doméstico a una o más personas, sin que sea necesario que estén viviendo allí efectivamente en los instantes del robo[155]. Garrido exige la presencia física de los moradores, además del destino a habitación o morada[156]. El comentarista español Pacheco opinaba que "habitar" no es encontrarse físicamente presente en una casa, sino tener en ella "su cama, su hogar...su domicilio, su actual residencia"[157]. En la jurisprudencia chilena se ha caracterizado al lugar habitado como "aquel delimitado que incluye distintos espacios en su interior... donde se desarrollan principalmente actividades domésticas, como dormir, comer, reunirse y en general cualquiera otra actividad al interior de la casa habitación"[158]. Lugar habitado es entonces aquel que sirve efectivamente, al momento del delito, de morada, habitación, vivienda, a una o más personas, aunque éstas puedan estar momentáneamente ausentes; los moradores de una casa-habitación no están ininterrumpidamente presentes, sino gran cantidad del tiempo ausentes. La irrelevancia de la presencia física en el lugar como sinónimo de habitar se evidencia claramente con el hecho de que un cine o una oficina pública pueden tener gran cantidad de personas en su interior, pero no son viviendas, no son albergues ni moradas.

Lugar destinado a la habitación

Este concepto indica el objeto a que de hecho se dedica un lugar al momento del robo, es decir, servir de morada, albergue u hogar doméstico, estando ausentes transitoriamente los moradores. "Se trata de un lugar ocupado como morada, pero que en los momentos que el robo se comete, sus moradores se encuentran ausentes, no están circunstancialmente en el lugar"[159].

---

155 Etcheberry (1997), cit., p. 319-320; Bullemore/MacKinnon (2018), cit., p. 45; Oliver (2013), cit., p. 213.
156 Garrido (2000), cit., p. 223.
157 Cit. en Etcheberry (1997), p. 318.
158 SCA San Miguel, 11.04.2011, Rol 296-2010.
159 Garrido (2000), cit., p. 223;

Lo que diferencia esta hipótesis de la anterior, es el hecho de que el lugar está "habitado", si los habitantes están efectivamente viviendo en el recinto cuando tiene lugar la acción típica y es "destinado a la habitación", en el caso que los moradores estén transitoria o accidentalmente ausentes del lugar que les sirve en ese momento de morada o albergue[160]. "Cuando una persona que vive sola sale de su casa a comprar al supermercado se puede decir que la deja sin nadie, pero no que la deja deshabitada[161]. En estas circunstancias no pierde el lugar el carácter de morada, pero ¿si en vez de salir de compras al supermercado, se ha ido a otro continente de viaje por varios meses? En este último caso, parece haber perdido el carácter de lugar habitado, atendida la desvinculación temporal de los habitantes con respecto al recinto. ¿Es un lugar destinado a la habitación, porque en cualquier momento el propietario puede regresar de su viaje e instalarse en su vivienda? ¿Y si su ausencia perdura por dos o más años? ¿No habrá que atender a las circunstancias objetivas existentes al momento del delito, es decir, si hay o no efectivamente morada o albergue en el lugar al perpetrarse la invasión apropiatoria?

En síntesis, apunta Oliver, "todo lugar habitado está destinado a la habitación, y todo lugar destinado a la habitación está habitado. En otras palabras, cuando el artículo 440 CP alude al lugar habitado y al destinado a la habitación, no lo hace porque los considere lugares distintos, sino sólo porque ha decidido emplear una fórmula explicativa, para dejar en claro que un lugar es habitado cuando se destina actualmente a la habitación, haya moradores en el al momento del robo o no. No se trata de lugares diversos, sino de una misma clase de lugar[162]. "Ambos conceptos giran en torno a la misma idea central: un lugar que sirve en el hecho de morada u hogar doméstico al momento de la apropiación, con moradores en su interior o sin ellos. La diferencia entre ambos lugares consistiría en una cuestión meramente circunstancial y perfectamente prescindible en la configuración típica, la que se regiría sólo por el hecho de que el lugar sirve de morada a alguien[163]. En definitiva, como apunta Garrido, "lugar habitado y lugar destinado a la habitación son una misma cosa",

---

160 Etcheberry (1997) cit., p. 320;

161 De la Fuente Hulaud, Felipe, "Los lugares de comisión del delito de robo con fuerza en las cosas: una clasificación bipartita"; en Delito, Pena y Proceso. Libro Homenaje a la memoria del profesor Tito Solari Peralta, Edit.Jurídica, 2008, p. 417.

162 Oliver (2013), cit., p. 214.

163 De la Fuente, cit., p. 416.

radicando la diferencia en la presencia de personas cuando se realiza el robo en el primer caso, y en su ausencia, en el segundo caso[164].

El art. 241, apartado 2 del Código Penal Español, en versión de 2017, establece que "Se considera casa habitada todo albergue que constituya morada de una o más personas, aunque accidentalmente se encuentren ausentes de ella cuando el robo tenga lugar". Muñoz Conde señala al respecto, que aunque la definición no exige el uso de la casa habitada al momento del robo, "este requisito no debe entenderse, sin embargo, en forma muy amplia, pues ello llevaría a aplicar la cualificación incluso en casos de casas claramente deshabitadas"[165]. Parece evidente que, si nadie mora o vive en el lugar al perpetrarse el robo, no es posible hablar de "casa habitada", porque en esos instantes no sirve de albergue a nadie.

Dependencias

En términos generales, se califican como dependencias los patios, jardines, garajes y demás sitios o edificios cerrados, contiguos a la construcción principal, en comunicación interior con ella y con la cual forman un solo todo[166]. La dependencia supone, como construcción, un vínculo de subordinación del lugar secundario al lugar principal, en el sentido que en la dependencia se desarrollan actividades que prestan servicio al edificio o recinto principal, ejerciendo el titular su derecho sobre aquella. Se trata de un concepto funcional, más que material[167]. Este criterio es apreciado como dominante en la jurisprudencia reciente[168].

B. Robo en lugar no habitado (art. 442)

Hay que entender por tal, por oposición al habitado o destinado a la habitación, aquel que no sirve de morada a nadie y también es cerrado[169]. Se trata, según Garrido, de construcciones que se hicieron, sea para ser dedicadas a la habitación u otra finalidad, pero que en el momento de perpetrarse la sustracción no han sido ocupadas por nadie como morada (una industria, un local comercial, una casa habitación recién construida

---

164 Garrido (2000), cit., p. 224.
165 Muñoz Conde, cit., p. 352.
166 Garrido (2000), cit., p. 224.
167 Etcheberry (1997), cit., p. 322.
168 Oliver (2013), cit., p. 219; SCA Temuco, 24.02.2005, Rol 76-2005; SCA Santiago, 02.05.2006, Rol 659-2006.
169 Oliver (2013), cit., p. 213.

y aún no ocupada, un teatro)[170]. Cabría añadir que no se trate de la dependencia de un lugar habitado o destinado a la habitación[171].Hay que atender, entonces, a la situación fáctica, no hay morada existente al momento de cometerse el ataque a la propiedad ajena. Etcheberry agrega como elemento, que el lugar sea, por su naturaleza, apto para servir de habitación, "habitable"[172], criterio no compartido por los demás comentaristas, pero sus ejemplos de "casa desocupada" y "residencia veraniega durante la temporada invernal" son igualmente utilizados, respectivamente, el primero por Garrido y el segundo por Oliver, como ejemplos de lugar no habitado.

C. *Robo en bienes nacionales de uso público (art. 443, inc. 1°.)*

Hay acuerdo en la doctrina en cuanto a que esta figura delictiva, introducida por la Ley 11.625, tuvo por finalidad, básicamente, reprimir las apropiaciones de vehículos estacionados en la vía pública, que anteriormente eran consideradas como casos de hurto[173].

Aquí la ley emplea un concepto proveniente de otra área del Derecho, cual es el de "bien nacional de uso público", que no ofrece dudas en cuanto a su significado. De acuerdo al Código Civil, se denominan bienes nacionales los que tienen como titular a la nación toda y se llaman bienes nacionales de uso público o bienes públicos, si además su uso pertenece a todos los habitantes de la nación, como el de las plazas, puentes o caminos. (Art. 589 del Código Civil). "Este concepto es, por lo tanto, bastante claro y no presenta mayores problemas"[174].

D. *Robo en sitios no destinados a la habitación (Art. 443, inc. 1°.)*

Según Oliver, debe tratarse de una extensión de terreno que no se halla delimitada o que, si lo está, carece de resguardos que impidan una entrada no autorizada, p.ej., una playa de estacionamientos, un predio rural delimitado por cercos, etc[175]. La diferencia entre *sitio* y *lugar* no habitado radica en que este último es un recinto protegido, con resguardos que impiden el libre acceso, en tanto que el sitio carece de tal protección, no

---

170 Garrido (2000)cit., p. 224.

171 Bullemore/MacKinnon (2018), cit., p. 46.

172 Etcheberry (1997), cit., p. 320.

173 Etcheberry (1997), cit., p. 331; Bullemore/MacKinnon (2018), cit., p. 50.

174 Etcheberry (1997), cit., p. 318.

175 Oliver(2013), cit., p. 215.

tiene cercos, muros, techo, etc., lo que, además, se refuerza con el hecho de ser considerados juntos con las plazas, puentes y calles[176].

E. *Robo en el interior de vehículos motorizados(Art. 443, inc. 1° y 2°)*

La ley 21.170, de 2019, sustituyó en el inciso primero de este artículo la expresión "bienes nacionales de uso público o en sitio no destinado a la habitación" por "bienes nacionales de uso público, en sitio no destinado a la habitación o en el interior de vehículos motorizados". Por ende, la cosa mueble ajena objeto material de la apropiación deberá encontrarse dentro de un automóvil, que, para estos efectos constituye un *lugar*, normalmente no habitado, siendo aplicable el art. 442 del Código Penal. Oliver comenta que "Para evitar esta conclusión y forzar la aplicación del artículo 443 CP en estos casos, la Ley Nro. 21.170, de 26 de julio de 2019, agregó al listado de "lugares" a que se refiere el inciso primero, *el interior de vehículos motorizados*"[177].

De acuerdo al inciso 2° de este artículo, si el delito de robo recayere sobre un vehículo motorizado, la pena aplicable es la de presidio menor en su grado máximo (Ley 20.639, de 2012, referida al antiguo art. 443). El inciso 3° dispone que "Se considerará como robo y se castigará con la pena del inciso precedente la apropiación de un vehículo motorizado mediante la generación de cualquier maniobra distractora cuyo objeto sea que la víctima abandone el vehículo, fuera de los casos a que se refiere el artículo 436". Se emplea aquí la misma terminología usada en el robo por sorpresa (art. 436, inciso 2°): "Se considerará como robo…", terminología que, a nuestro entender, el legislador ha querido utilizar para transformar lo que no es robo en un robo; en otras palabras, "se considerará como si fuera robo un hecho que, en esencia, no lo es"[178]. En el caso presente, las "maniobras distractoras", que no constituyen, por su naturaleza, fuerza en las cosas, no deben ser de aquellas que, de acuerdo al art. 436 inciso final, forman parte de la nueva figura de "robo por sorpresa" —art. 436.inc. final— introducida por la Ley 21.170. En ambos casos —art. 443 inc. 3o. y 436 inc.final— hay referencia a que la finalidad de la maniobra distractora debe ser lograr que la víctima abandone el vehículo. ¿Dónde radica la diferencia entre uno y otro delito?, tema éste, que no es baladí, aunque la penalidad en una y otra figura delictiva sea la misma.

---

[176] Garrido (2000), cit., p. 236.

[177] Oliver (2022, cit., p. 293)

[178] Künsemüller (2021), cit., pp. 73-78.

Por otra parte, el tipo de robo con fuerza en las cosas siempre se ha caracterizado —en la tradición legislativa— como una suerte de hurto, agravado, por el empleo de determinados medios o instrumentos dirigidos a destruir, vencer o sobrepasar los resguardos materiales que protegen la esfera de custodia ajena y su contenido. ¿Cómo se compatibiliza con lo prescrito en los arts. 440, 442 y 443 inc. 1° (medios comisivos), "la generación de cualquier maniobra distractora cuyo objeto sea que la víctima abandone el vehículo.?" Si se le dice a la víctima que más adelante hay un grave accidente y que no debe avanzar con su vehículo, el que, por abandonarlo y dejarlo sin vigilancia unos instantes le es apropiado, ¿puede esta situación equipararse a los supuestos de las figuras "clásicas" de robo con fuerza en las cosas, que implican el empleo de ciertos medios o instrumentos para "entrar" en un recinto o lugar ajeno, venciendo determinados obstáculos?

El inciso final, introducido por la Ley 20.273, establece que si con ocasión de alguna de las conductas descritas se produce la interrupción o interferencia del suministro de un servicio público o domiciliario, tales como electricidad, gas, agua, alcantarillado, colectores de aguas lluvia o telefonía, la pena se aplicará en su grado máximo.

F. Robo con fuerza en las cosas de cajeros automáticos y otros contenedores de dinero(art. 443 bis)

Esta figura penal ha sido introducida al Código por la Ley 20601, de 14.07.2012. Si bien no se trata necesariamente de "lugares" o "sitios", que han de ser invadidos por el agente, normalmente los cajeros automáticos y otros mecanismos contenedores y dispensadores de dinero se hallan insertos en o formando parte de un sitio, lugar o espacio —p.ej. una sucursal bancaria— habitualmente protegido mediante algún sistema (puertas, cabinas, exigencia de claves o contraseñas, etc.), que el sujeto activo ha de vencer, superar o manipular para tener acceso al dinero o valores guardados. No obstante, el legislador ha establecido en este caso un marco penal para los robos con fuerza en las cosas que recaigan sobre ciertos objetos materiales, desentendiéndose de cuál sea el lugar en que se cometan y otorgando preeminencia, no al espacio físico en que el hecho se ejecuta, sino a la naturaleza y valor de la cosa sustraída[179].

En su primera parte, el artículo se remite —sin describir expresamente la conducta típica— a los nros. 1 y 2 del art. 440, esto es, el empleo de

---

179 Oliver (2013), cit., p. 255.

escalamiento y de llaves, respectivamente. En la segunda parte, se entenderá también que hay fuerza en las cosas "si se ha fracturado, destruido o dañado el cajero automático o dispensador o sus dispositivos de protección o sujeción mediante el uso de instrumentos contundentes o cortantes de cualquier tipo, incluyendo el empleo de medios químicos; o si se utilizan medios de tracción".

El precepto legal declara que el robo con fuerza de tales elementos será sancionado con la pena de presidio menor en su grado máximo, sanción ésta, que corresponde al tramo superior de la pena establecida en el art. 443, justificándose por el legislador el incremento de la pena prevista en este último artículo y el 442, dado el beneficio que a través de los cajeros automáticos se prestaría a todos los miembros de la sociedad, al permitirles un acceso a servicios financieros en forma segura, expedita e igualitaria[180]. Este fundamento adquiere relevancia para una interpretación restrictiva del tipo penal, que lleva a concluir que si la acción apropiatoria mediante fuerza recae, en cualquiera de sus dos modalidades, sobre un cajero automático que no está operativo, que no está sirviendo a su función de tal, resulta inaplicable la figura, por no existir materialmente servicios financieros disponibles para quienes requieren de ellos[181], aún cuando se inutilice o destruya la instalación, caso en el que concurriría, a nuestro entender, un delito de daños, también lesivo del bien jurídico propiedad. Bullemore/MacKinnon rechazan la existencia de otro bien jurídico —"disponibilidad de servicios financieros"— además de la propiedad ajena[182].

5. *El robo con fuerza en las cosas en ciertos lugares o recintos ("casas de veraneo o descanso")*

Tratándose de estos inmuebles, se ha suscitado una ardua discusión en torno a si, estando estos domicilios —segundas residencias— destinados a la habitación por su dueño, pero deshabitados durante períodos conocidos y fáciles de comprobar —época invernal, ausencia notoria de moradores— el robo con fuerza que allí se perpetra, se comete en un lugar destinado a morada —art. 440 CP— o en un lugar no destinado a este

---

180 Mensaje presidencial de la Ley 20.601.

181 Oliver (2022), cit., p. 286; Ramos Pérez, César (2013), REJ Nro. 19, p. 128, le reconoce al nuevo precepto "la protección de un bien jurídico adicional a la afectación de la propiedad".

182 Bullemore/MacKinnon (2018), cit., p. 51.

fin —art. 442 CP— debate que incide significativamente en la cuantía de la pena aplicable. Una apropiación con fuerza en las cosas efectuada en una casa de veraneo fuera del período estival, en que nadie pernocta, debe ser considerada un robo en lugar no habitado, a menos que el momento del delito esté siendo efectivamente ocupada por alguien que pernocta en ella, aún cuando no esté presente en ese instante[183].

La Corte Suprema, a través de varios fallos, ha sustentado la tesis de que las denominadas casas de veraneo desocupadas en período invernal, son lugares destinados a la habitación, ya que su fin propio es servir de morada en cualquier momento que el propietario decida, existiendo un riesgo potencial para la seguridad de los moradores, que acceden a la vivienda, fruto de un encuentro con el o los sujetos activos que han ingresado con fuerza[184]. En estos fallos, además de vincularse el carácter de destinado a la habitación a la destinación subjetiva del inmueble, finalidad asignada por su dueño —lo construyó o adquirió para habitarlo en cualquier momento y no es relevante que no lo habite al perpetrarse la apropiación— se caracteriza al delito como pluriofensivo, nota de la cual, a nuestro juicio, carece. Con razón se argumenta que no debe confundirse el "destino" de un lugar con su finalidad, "el destino del lugar se relaciona con el uso actual del lugar, no con aquello para lo cual naturalmente "sirve" o se pretende que sirva en el futuro"[185]. Quintano es muy preciso al señalar, a propósito del concepto "casa habitada", utilizado por el Código hispano, que una cosa es la "accidentalidad de la ausencia" —de la que se hace cargo el precepto— y otra cosa es la "accidentalidad de la habitación"[186]. Debe tratarse de un espacio que sea utilizado efectivamente como vivienda (*que constituya* morada)[187] en el momento del hecho.

---

183 Oliver (2013), cit., p. 218; Novoa Aldunate, Eduardo, "Comentario a sentencia de la Corte Suprema de 30.01.1975", RCP, 3ª época, Nro. 1, t.XXXIV, enero-junio 1975, pp, 90-93; Mera Figueroa, Jorge, "Delitos contra la propiedad. Revisión crítica y propuestas de reforma", Revista de Estudios de la Justicia, Facultad de Derecho, U. de Chile, Nro 13, 2010, pp. 6º y s.s.

184 SCS, 13.06.2001, Rol 1460-2001; SCS, 19.07.2001, Rol 1522-2001; SCS 18.06.2007, Rol 2470-2007.

185 Bullemore/MacKinnon (2018), cit., p. 45.

186 Quintano Ripollés, Antonio (1977), Tratado de la Parte Especial del Derecho Penal, t.II, Infracciones patrimoniales de apoderamiento, Edersa, Madrid, p. 333.

187 González Rus, Juan José (2000), cit., p. 404.

6. *Medios de comisión- artículos 440, 442, 443 y 443 bis del Código Penal*

En este apartado nos remitimos, en primer lugar, a las explicaciones de los autores respecto de los medios comisivos del delito de robo con fuerza en las cosas, que nos parecen suficientemente aclaratorias del sentido y alcance que cabe atribuir a cada medio en particular. Por tanto, omitimos un examen minucioso de cada una de las modalidades ejecutivas, que configuran, sin duda, una "irritante casuística".

En segundo término, exponemos las propuestas de *lege ferenda* en esta materia, contenidas en los APCP y Proyectos de Código Penal.

Los medios de comisión

A este respecto, cabe tener en cuenta "que no toda fuerza transforma el hurto en robo", "que no es imprescindible el uso de la fuerza, entendida la palabra en sentido gramatical, para que el delito de hurto se transforme en robo"[188]. "El legislador ha dado un concepto legal de la fuerza en las cosas a los efectos de tipificar el robo de esta denominación, distinto del gramatical situando entre las distintas modalidades de tal fuerza, en sentido jurídico penal, aquellos supuestos en que el sujeto activo despliega una mayor energía para vencer el obstáculo con que el dueño o titular de la cosa sustraída refuerza su custodia (con algunas matizaciones referidas especialmente al supuesto de sustracción de muebles u objetos cerrados o sellados para su ulterior fractura) o aquellos otros en los que se utilizan mecanismos para su apoderamiento"[189].

Las propuestas de lege ferenda

En este apartado nos hacemos cargo de las propuestas de nuevo Código Penal, contenidas en los APCP, en el Proyecto de Código Penal del profesor Etcheberry y en el Proyecto que se halla actualmente en discusión en el Parlamento, iniciativas que pretenden, en general, modificar sustancialmente en todo o parte la regulación del estatuto punitivo vigente.

El APCP 2005 mantiene el delito de "robo con fuerza en lugar habitado" (art. 152), que lo comete el que "se apropie de cosa mueble ajena entrando a un lugar habitado o destinado a la habitación o en sus depen-

---

188 STS, 31.10.1988, cit. en Valmaña Ochaita, cit., pp. 31-33.

189 STS, 31.10.1988, cit, en Valmaña Ochaita, cit., p. 31-33.

dencias, con alguna de las circunstancias señaladas en los Nros. 1 y 2 del artículo 149". En consecuencia, para determinar cuáles son los medios de comisión hay que ir al art. 149, que contempla los siguientes casos de hurto agravado:

- Ingreso mediante escalamiento, por vía no destinada al efecto, mediante forado, rompimiento de pisos, paredes o techos, fractura de puertas o ventanas o uso de llaves falsas, ganzúas u otros instrumentos semejantes. (Se reproducen prácticamente los mismos términos del actual art. 440, nros 1 y 2)

– Destrucción, inutilización o neutralización de dispositivos de seguridad con que cuente la cosa.

El APCP 2013 tipifica en el art. 309 el *Hurto grave*, cuyos medios de comisión - en lo que interesa en relación al tipo vigente de robo con fuerza en las cosas, los siguientes: venciendo los resguardos dispuestos para i pedir el acceso a la cosa o su remoción, vencer el cierre de puertas, armarios, cajones u otras delimitaciones físicas de espacios, el uso de llaves u otros mecanismos de apertura que han sido apropiados, quitados o reproducidos sin consentimiento de aquel a quien se quita la cosa, ingresar por una vía no destinada al efecto.

El APCP 2015 contempla en el art. 282 los siguientes modos o medios de perpetración del delito de *Hurto grave*:

Vencer los resguardos dispuestos para impedir el acceso a la cosa o su remoción, usar llaves u otros mecanismos de apertura cuyo uso no le está autorizado al agente; ingresar por vía no destinada al efecto.

El Proyecto de Código Penal (2016) del profesor Etcheberry, en el art. 229, contempla el delito de Robo con fuerza en las cosas, que debe cometerse en un lugar que sirve ordinariamente de habitación a una o más personas, con alguna de las circunstancias señaladas en los nros. 1 y 2 del art. 228: acceder al lugar mediante escalamiento, por vía no destinada al efecto, mediante forado, rompimiento de paredes, pisos o techos, fractura de puertas o ventanas, uso de llaves falsas o de verdaderas sustraídas, halladas o retenidas, empleo de ganzúas u otros instrumentos semejantes; destrucción, inutilización o neutralización de los dispositivos de alarma o seguridad que protegen el lugar.

El APCP 2018 establece como circunstancias del *Hurto grave* las de que el apoderamiento tuviere lugar venciéndose los resguardos dispuestos para impedir el acceso a la cosa o su remoción, o usando llaves u otros mecanismos de apertura cuyo uso no esté autorizado al hechor.

El Proyecto de Código Penal enviado al Congreso Nacional en enero 2022 por el Gobierno del Presidente Piñera, contempla en su art. 277

como *Hurto grave*, la misma hipótesis contenida en el APCP 2018, recién transcrita, pero además, el ingreso por vía no destinada al efecto a un espacio cerrado.

Como puede advertirse, con mayores o menores alteraciones de detalle, los distintos proyectos mantienen, en general, las mismas circunstancias de comisión previstas en el Código vigente, con la diferencia que todos, salvo el Proyecto Etcheberry, suprimen el robo con fuerza en las cosas y remiten al tipo de hurto las modalidades de comisión, adhiriendo de este modo a la opinión dominante en esta materia.

7. Circunstancia agravante especial aplicable a los delitos de hurto y robo con fuerza en las cosas

El artículo 449 ter (Ley 21.108, 2020), introdujo una circunstancia agravante especial, aplicable a los delitos previstos en los párrafos 3 y 4 del Título VIII —hurto y robo con fuerza en las cosas— cometidos con ocasión de calamidad pública o alteración del orden público, sea que se actúe en grupo o individualmente, pero amparado en éste. Contiene el precepto dos incisos con efectos agravatorios, vinculados a situaciones distintas. En el inciso primero quedan comprendidos los delitos de hurto y robo con fuerza en las cosas, que sean cometidos "en los escenarios expresamente tipificados"[190]. Tratándose de una regla imperativa de determinación de la pena, obliga al tribunal a incrementar la sanción, aún cuando no se trata de una agravante genérica. El inciso segundo del artículo, preceptúa que cuando se perpetre un robo con violencia o intimidación en las mismas circunstancias descritas en el inciso primero, queda vedada la aplicación del mínimo de la pena.

---

190 Sánchez, Rocío (2023), "Reflexiones sobre el tipo penal de saqueo y de la circunstancia de cometer el delito con ocasión de calamidad pública o de alteración del orden público introducidos en la Ley Nro. 21.208", LH al Profesor Carlos Künsemüller, Hacia un Derecho Penal Liberal, U. de Talca, Tirant lo blanch, pp. 1001 y s.s.

Capítulo IV

FIGURAS PENALES ESPECIALES VINCULADAS AL TIPO DE ROBO CON FUERZA EN LAS COSAS, EN QUE LA CONDUCTA PUNIBLE NO CONSISTE EN ENTRAR EN LA MORADA AJENA Y SUSTRAER ESPECIES VIOLENTANDO LOS MEDIOS DE PROTECCIÓN

1. Fabricación y tenencia de instrumentos destinados al robo- artículo 445 del Código Penal

Se castiga con la pena de presidio menor en su grado mínimo al que "fabricare, expendiere o tuviere en su poder llaves falsas, ganzúas u otros instrumentos destinados conocidamente para ejecutar el delito de robo y no diere descargo suficiente sobre su fabricación, expedición, adquisición o conservación".

Una disposición similar se contiene en el art. 448 ter, introducido por la Ley 20.596 (2012), cuyo inciso primero sanciona "el porte de armas, herramientas o utensilios comúnmente utilizados para el faenamiento de animales por quien no diere descargo suficiente de su tenencia", de conformidad a lo establecido en el art. 445.

A.- En cuanto a la figura del art. 445, su naturaleza jurídica es motivo de discusión en la doctrina nacional. Algunos autores la califican como la penalización de actos preparatorios de un robo futuro, del que todavía no hay comienzo de ejecución. Como tales actos preparatorios son impunes, de acuerdo a las reglas generales, la ley ha debido erigirlos en delito separado y no como fase de un robo proyectado, si alguno específico hay[191]. Otros comentaristas estiman que se trata de un delito independiente, una figura de peligro abstracto, cuya materia de prohibición es, de hecho, la existencia de instrumentos que por su naturaleza sirven para cometer delitos de robo, que tienen ese destino. Por ello se sanciona el fabricarlos, expenderlos o tenerlos, aunque se ignore si van o

191 Etcheberry (1997), cit., p. 333; Bullemore/MacKinnon (2018), cit., pp. 4° y s.s; Oliver (2013), cit., p. 252.

no a ser usados para perpetrar un delito[192]. Un delito de emprendimiento, con carácter autónomo, hallan en esta figura quienes estiman que lo sancionado es una actividad criminal que tiene varias etapas, cada una de las cuales se puede sancionar en forma aislada, pero si se establece que todas ellas han sido realizadas por el agente, sólo se estima cometido un delito único. Rechazan el carácter de actos preparatorios de un robo[193], calificación ésta, que se presenta como la más adecuada, teniendo en cuenta que los instrumentos detallados en la figura deben estar "destinados conocidamente para efectuar el delito de robo", ilícito éste, que tiene carácter futuro —es un robo que *se efectuará* y no ha llegado aún a la fase de tentativa— se penaliza, entonces, una etapa previa al comienzo de la ejecución de un robo determinado[194]. En este caso, a diferencia del art. 444, no se describen conductas que pueden ser consideradas por sí actos con los cuales se ha dado principio a la ejecución del hecho. Lo que se sanciona son meros actos preparatorios del delito, fase que por regla general el sistema penal deja impune[195].

La clasificación de esta figura como delito de peligro concreto predomina en la doctrina, se requiere la efectiva comprobación del destino futuro —debe ser *conocido*— de los objetos a que alude la norma[196]. De la lectura de la norma y de su ubicación dentro del párrafo de los delitos de robo con fuerza en las cosas, resulta claro que los elementos e instrumentos a que se refiere (llaves falsas, ganzúas) corresponden claramente a los que conocidamente están destinados a emplearse en la comisión del delito de robo con fuerza en las cosas[197]. Alguna jurisprudencia ha acogido la tesis del delito de peligro concreto, esto es, que requiere la idoneidad de medios para cometer un delito de robo en general, o sea, el peligro que el porte o tenencia representa siempre deberá estar vinculado a la comisión de un delito de robo[198]. Esta misma sentencia acoge la tesis del *delito de emprendimiento,* respecto de la cual se objeta por los autores que resulta problemática esta clasificación de la figura, porque no existe consenso en la descripción de esta figura delictiva. Algunos entienden tales delitos como tipos penales que describen una conducta que constituye

---

192 Garrido (2000), cit., p. 242.

193 Matus/Ramírez (2021), cit., p. 590.

194 Oliver /2013), cit., p. 269;

195 Vargas/Piña (2012), cit., p. 426.

196 Etcheberry (1997), cit., p. 333; Oliver (2013), cit., p. 269; Matus/Ramírez (2021), cit., p. 590.

197 SCA Santiago, 23.10.2007, Nro Legal Publishing 37546

198 SCA Santiago, 07.09.2007, Nro. Legal Publishing 37216.0.1

el inicio de un *iter criminis* global, cuya etapa ejecutiva se verifica con la realización de la conducta descrita en otro tipo. Pero otros señalan que se trata de tipos penales que sancionan con la misma pena la consumación y la tentativa del delito[199].

Ahora bien, la conducta punible no es única, sino doble[200]; consiste en fabricar, expender o tener ciertos objetos, *conocidamente destinados* a cometer el delito de robo con fuerza en las cosas. Para interpretar los conceptos legales que identifican la conducta punible es menester recurrir al Diccionario de la Lengua de la Real Academia Española; fabricar, significa, "producir objetos en serie, generalmente por medios mecánicos" expender quiere decir, de acuerdo al mismo Diccionario, "vender al menudeo" y "tener" (en su poder) significa poseer, lo que no significa que el sujeto activo debe necesariamente tener consigo el objeto, pudiendo tenerlo a su nombre un tercero[201].

En el plano subjetivo —de la culpabilidad— el precepto pone de cargo del imputado el acreditar que la fabricación, expendio o tenencia de los instrumentos no están destinados a perpetrar un delito de robo, al exigir que dicho sujeto dé *descargo suficiente* sobre tales conductas. La judicatura ha declarado que esta figura penal no se perfecciona únicamente con el elemento objetivo, sino que requiere para su configuración el elemento subjetivo, consistente en el conocimiento por el agente del destino de tales especies para perpetrar el delito de robo, y la falta de descargos suficientes en cuanto a su conservación[202]. A juicio de algunos autores, tal descargo no podrá consistir en explicar el destino inocente o legítimo de los objetos, sino que se referirá únicamente a la inocencia personal del sospechoso (inculpabilidad por error o por coacción)[203]. Al respecto, Matus/Ramírez, sin perjuicio de apreciar la interpretación de Etcheberry como *dominante,* estiman que de ser así, la alusión del legislador no sólo sería superflua y redundante, sino que importaría, además, el necesario inicio de una investigación criminal contra el portador. Estiman que el requisito señalado debe entenderse como un elemento normativo del tipo, que puede desde ya evitar la persecución penal, concitando la atención del Ministerio Público, y, sobre todo, de la policía, acerca de la posibilidad real de que el porte de dichos esté justificado, operando la exclusión de la punibilidad ya a nivel de tipicidad. Invocan

---

199 Oliver (2013), cit., p. 270.

200 Oliver (2013), cit., p. 270.

201 Oliver (2013), cit., p. 270.

202 SCA San Miguel, 14.09.2007, Nro. Legal Publishing 37213.

203 Etcheberry (1997), cit., p. 333.

el caso del cerrajero que circula con sus instrumentos de trabajo y es detenido por la policía, no siendo necesario instruir un juicio criminal para decir que el hecho es atípico e inhibir la actuación policial si el cerrajero puede en el acto dar "los descargos suficientes" a que se refiere la ley[204]. Coincide con esta interpretación Oliver, quien le asigna el mérito de evitar la persecución de conductas inocentes, que serían atípicas, como la del cerrajero sorprendido en la calle con sus instrumentos de trabajo.

A este respecto, cabe citar la sentencia de la ICA Santiago, en cuya argumentación se reconoce que portar una llave para trabajos mecánicos puede no ser un delito, desde que su destino natural y obvio es el ser empleado en labores mecánicas, perfectamente lícitas, lo que no obsta a que un elemento de esta naturaleza también puede ser usado para cometer el delito de robo y obviamente serán las circunstancias de cada caso las que permitirán dilucidar si se está o no en la situación prevista en el artículo 445 del Código Penal. Los sentenciadores concluyen que si la llave de punta corona es encontrada en poder de un mecánico, a plena luz del día y en su taller, difícilmente podría entenderse que se ha cometido este ilícito, pero, en la especie, habiéndose reconocido por el sujeto activo que el hecho fue descubierto a las cuatro y media de la mañana, en la intersección de Eliodoro Yáñez con Antonio Varas en la comuna de Providencia, o sea, muy lejos de su domicilio y sin haber dado ninguna explicación para justificar ese porte, resulta palmario que dicha conducta se ajusta perfectamente a la descripción típica del artículo 445 del Código Penal[205].

La exigencia impuesta al sujeto activo, de "dar descargo suficiente", cuya ausencia originará la configuración de este delito en su faz subjetiva, es cuestionada como "altamente criticable", desde el punto de vista del principio o presunción de inocencia, ya que se deja en manos del imputado la tarea de demostrar la licitud de la fabricación, expedición o tenencia de los objetos, liberando al acusador de la carga de acreditar la ilicitud de tal conducta[206]. Un comentarista estima que la disposición podría ser catalogada de inconstitucional, por cuanto transgrede lo dispuesto en el artículo 5° inciso segundo de la Carta Política, en relación con los artículos 14, párrafo segundo, del Pacto Internacional de Derechos Civiles y Políticos, y 8° párrafo segundo de la Convención Americana de Derechos Humanos[207]. Trae a colación el autor el idén-

---

204 Matus/Ramírez (2021), cit., p. 591.

205 SCA Santiago, 15.04.2010, Nro. Legal Publishing 43807.

206 Oliver (2013), cit., p. 271.

207 Oliver (2013), cit., p. 271.

tico artículo 509 del Código Penal español de 1973, que fue declarado inconstitucional por el TC, en sentencia 105/1988, de 8 de junio. Como consecuencia de esa decisión de la magistratura constitucional, el precepto tuvo que ser reincorporado al Código Penal mediante Ley Orgánica Nro. 3/1989, de 21 de junio, omitiéndose en la nueva redacción la cuestionada carga impuesta al fabricante, expendedor o tenedor de los instrumentos. La disposición fue en definitiva eliminada en el Código español actual[208].

El precepto legal alude genéricamente a "instrumentos destinados conocidamente para ejecutar el delito de robo", sin especificar a qué clase de robo se refiere, siendo evidente que sólo puede entenderse comprendido el delito de robo con fuerza en las cosas y no el robo violento o intimidatorio, en que se lesionan bienes jurídicos personalísimos. Esta conclusión cabe desprenderla de la ubicación del artículo, que está incluido, precisamente, en el párrafo que trata del robo con fuerza en las cosas. Además, la redacción utilizada, referida a llaves falsas, ganzúas u otros instrumentos, avala la misma idea, ya que es muy similar a la que se emplea en otras normas del mismo párrafo (arts. 440 nro 2, 442 nro 3 y 443 inciso 1°)[209]. En consecuencia, es improcedente aplicar esta precepto al que porta un elemento que pueda considerarse conocidamente destinado a ejecutar un delito de robo con intimidación, como por ejemplo, un revólver de fantasía, aunque sea sorprendido en circunstancias que permitan suponer que se dispone a cometerlo[210].

En el evento que los instrumentos de que se trata son efectivamente utilizados para cometer un robo con fuerza en las cosas, ha de aplicarse el principio de consunción —propio del concurso aparente de leyes penales— conforme al cual la punibilidad queda absorbida por la del delito de robo con fuerza en las cosas más grave que se cometa. Así, el que fabrica una ganzúa o llave falsa y entra a un lugar habitado para robar, comete únicamente el respectivo delito de robo[211].

---

208 Oliver (2013), cit., p. 271.

209 Oliver (2013), cit., pp. 271-272.

210 Oliver (2013), cit., p. 272; Sentencia del TOP Viña del Mar, de 08.09.2010, dictada en causa RUC 0901014728-7.

211 Matus/Ramírez (2021), cit., p. 590; Oliver (2013), cit., p. 272.

2. *Porte de utensilios conocidamente destinados a cometer abigeato-artículo 448 quater del Código Penal*

Este precepto, limitado a sancionar el porte de objetos conocidamente destinados a faenar animales objeto de abigeato, es un complemento de la disposición del artículo 445, residiendo su delimitación de esta última norma, únicamente en la naturaleza del objeto que se porta, tratándose los del artículo 448 quáter de aquellos exclusivamente destinados "para el faenamiento de animales"[212]. Al igual que en el artículo 445, la pena se impone a quien no diere descargo suficiente de la tenencia de los instrumentos.

Como la ley alude a elementos comúnmente empleados en para el faenamiento de animales, lo que se ha pretendido sancionar aquí no es una conducta orientada a un abigeato propiamente tal, sino un acto preparatorio de un delito de beneficio o destrucción de animales. Por ende, la figura se aplicará cuando el sujeto sea sorprendido portando elementos usualmente utilizados en dichas labores, pero antes de comenzar la ejecución de la conducta descrita en este último tipo penal[213].

3. *Presunción legal de tentativa de robo*

El artículo 444 del Código Penal establece que "Se presume autor de tentativa de robo al que se introdujere con forado, fractura, escalamiento, uso de llave falsa o de llave verdadera substraída o de ganzúa en algún aposento, casa, edificio habitado o destinado a la habitación o en sus dependencias".

El efecto práctico de esta disposición es más bien el de delimitar el ámbito de los actos preparatorios del que ya es propio de la tentativa, en que existe un comienzo de ejecución[214]. Originalmente, la Comisión Redactora del Código Penal, en sesión Nro. 93, de 12.06.1972, había aprobado este texto, pero con una redacción distinta: "Los que habiéndose introducido con forado, fractura, escalamiento, uso de llave falsa o de llave verdadera sustraída, o de ganzúa, o con auxilio de domésticos en algún aposento, casa, edificio habitado o sus dependencias, sufrirán las penas de presidio menor en su grado máximo si estuvieren armados, y en

212 Matus/Ramírez (2021), cit., p. 590.

213 Oliver (2013), cit., p. 418.

214 Etcheberry (1997), cit., p. 334)

su grado medio en el caso contrario"[215]. Posteriormente (sesión 164), se objetó tal redacción, observándose que la conducta incriminada era simplemente una tentativa o delito frustrado según las reglas generales, de modo que no era necesario consagrar una disposición expresa a tal efecto. A proposición del comisionado señor Gandarillas se acordó establecer una tentativa de robo por el solo hecho de haber ingresado alguien a los lugares señalados con las circunstancias que se precisaron, aprobándose una redacción idéntica a la que actualmente tiene la disposición[216]. Existiendo introducción en alguna de las formas señaladas, se presume —legalmente— la intención de robar, pudiendo acreditarse, por admitirse prueba en contrario, la inexistencia del hecho que legalmente se presume[217].

Un sector de la doctrina nacional inquiere si, en la época actual, puede mantenerse el propósito del legislador del S. XIX, de establecer una presunción legal de tentativa de robo, en circunstancias que es un parecer doctrinal prácticamente unánime el de que las presunciones no tienen cabida en el ámbito del Derecho Penal[218]. Tratándose de una presunciones simplemente legales, cabe recordar que pueden desvirtuarse rindiendo prueba en contrario, la que procedería en este caso[219].

Con respecto a las presunciones de Derecho, el artículo 19 nro. 3, inciso 7° de la Carta Fundamental dispone que "la ley no podrá presumir de Derecho la responsabilidad penal". En torno a esta prohibición, se ha dicho que, si bien esta proclama de la Ley Fundamental representa un progreso sobre la Constitución Política anterior (1925), que no la consagraba, no es posible ver aquí una explícita consagración del principio culpabilístico, sobre la base de que al no poder presumísela de derecho, estaría suprimida toda suerte de responsabilidad objetiva, como lo sería aquella que es presumida. Entiende Etcheberry que sería deseable una proscripción de la responsabilidad objetiva, pero, si bien se mira, la disposición constitucional prohibitiva no excluye la posibilidad de que una ley establezca casos de responsabilidad objetiva, en que la culpabilidad no se presume, sino que simplemente se prescinde de ella, haya o no culpabilidad. "No hay una regla constitucional expresa que exija que siem-

---

215 De Rivacoba y Rivacoba, Código Penal de la República de Chile y Actas de las Sesiones de la Comisión Redactora del Código Penal chileno, Edeval, 1974, pp. 423, 545 y s.s.

216 Etcheberry (1997), cit., p. 334; Oliver (2013), cit., p. 238.

217 Etcheberry (1997), cit., p. 334; Oliver (2013) cit., p. 239.

218 Oliver (2013), cit., p. 2239.

219 Garrido (2000), cit., p. 240.

pre deba haber culpabilidad para que pueda imponerse una pena"[220]. Náquira considera parcialmente contenido el principio *nulla poena sine culpa* en el precepto constitucional, por cuanto deja abierta la posibilidad de que el legislador pueda establecer presunciones simplemente legales de culpabilidad[221].

La inadmisibilidad de las presunciones legales es sustentada por un sector de la doctrina, en su la circunstancia de que contradicen la *presunción de inocencia,* consagrada en los artículos 14 párrafo segundo del Pacto Internacional de Derechos Civiles y Políticos y 8° párrafo segundo de la Convención Americana sobre Derechos Humanos; ello, en cuanto tales presunciones legales implican tratar a un individuo como *responsable,* calidad ésta, frontalmente contraria a *inocente,* deviniendo en inconstitucional la aplicación del artículo 444 por los tribunales, por contravenir el artículo 5° inciso segundo de la Constitución Política, que impone a las autoridades públicas el deber de respetar las garantías consagradas en los tratados internacionales sobre derechos humanos[222].

La alteración de la carga de la prueba que se contiene en el precepto en cuestión, al imponer al imputado el deber de probar su inocencia, partiendo en el proceso con una presunción en contra que debe desvirtuar, también constituye un argumento para sustentar la inconstitucionalidad de la norma penal, por vulnerar la garantía de *presunción de inocencia*[223]. "Si el inculpado no logra desvirtuar la presunción que obra en su contra, procede que se le condene como autor de tentativa de robo"[224]. Esta conclusión es recogida en una sentencia de segunda instancia, en la que se afirma que el acusado y su defensa debió desvirtuar la presunción, ya que se invirtió el peso de la prueba y debió acreditar que la entrada en la morada en las condiciones descritas, difería de aquella que presume la norma"[225]. Más que una alteración de las reglas sobre el proceso ejecutivo del delito, la disposición altera la presunción de inocencia que garantiza a todo individuo la Constitución Política, reproducida en el Código Procesal Penal, liberándose al acusador de la obligación de demostrar la re-

---

220 Etcheberry (1997), Derecho Penal, T.I, tercera edición, pp. 67-68.

221 Náquira, Jaime, Teoría del Delito, Mac Graw Hill, 1998, pp. 323 y s.s.

222 Oliver (2013), cit., p. 239.

223 Oliver (2013), cit., p. 240.

224 Garrido (2000), cit., p. 241.

225 SCA Concepción, 23.12.2010, Rol 580-2010, cit. en Oliver (2013), p. 239.

lación de medio a fin entre cualquiera forma de fuerza y la apropiación, que ha de acreditarse para que surja la tentativa[226].

Como la presunción de robo supone acreditar el ingreso al lugar en alguna de las formas o mediante alguno de los medios allí especificados, el sujeto que es descubierto en el interior de una morada ajena, habiendo ingresado por una vía que no ha sido determinada, sólo puede ser considerado autor del delito de violación de morada[227].

---

226 Bullemore/Mac Kinnon (2018), cit., p. 52.

227 SCA Valparaíso, 02.11.2000, Nro. Legal Publishing 19108.

Capítulo V

DELITO DE ROBO POR SORPRESA[228]

De acuerdo al art. 436 inciso 2º del Código Penal "Se considerará como robo y se castigará con la pena de presidios menor en sus grados medios a máximo, la apropiación de dinero u otras especies que los ofendidos llevan consigo, cuando se proceda por sorpresa o aparentando riñas en lugares de concurrencia o haciendo otras maniobras dirigidas a causar agolpamiento o confusión".

La Ley 21.170, de 2019, incorporó un inciso final al art. 436: "También será considerado robo, y se sancionará con la pena de presidio menor en su grado máximo, la apropiación de vehículos motorizados, siempre que se valga de la sorpresa, de la distracción de la víctima o se genere por parte del autor cualquier maniobra distractora cuyo objeto sea que la víctima abandone el vehículo para facilitar su apropiación, en ambos casos, en el momento en que ésta se apreste a ingresar o hacer abandono de un lugar habitado, destinado a la habitación o sus dependencias, o su lugar de trabajo, salvo en aquellos casos en que medie violencia o intimidación, en los que se aplicará lo dispuesto en el inciso primero".

El regreso del robo por sorpresa al ámbito típico del hurto propuesto en las iniciativas reformadoras del Código Penal ha de ser bienvenido, toda vez que el propio legislador reconoció, en su oportunidad, al asimilar mediante la Ley de Estados Antisociales esta conducta al robo con violencia o intimidación, que ella es técnicamente un hurto y sólo por motivaciones basadas en la práctica delictiva —ciertamente muy discutibles— se lo consideró "como si fuera un robo"[229]. No parece correcto, a pesar de su ubicación, concebir al robo por sorpresa como una modalidad más del robo con violencia o intimidación en las personas. En realidad se trata de un hurto[230].

El informe de la Comisión de Constitución, Legislación y Justicia de la Cámara de Diputados (11.08.1953), es muy decidor en cuanto a la verdadera naturaleza de este delito, tema éste, materia de controversia

---

228 Künsemüller (2005), "El robo por sorpresa no es una modalidad genuina de robo", Revista de Derecho y Ciencias Penales, U. San Sebastián, Nro 7; (1996) "Delimitación entre los tipos penales de robo con violencia en las personas y robo por sorpresa", Gaceta Jurídica 195, pp. 12 y s.s.

229 Künsemüller (2016), cit., p. 721.

230 Oliver (2022), cit., p. 327.

en la doctrina[231]: "El inciso segundo de este artículo configura un delito especial que técnicamente es un hurto, pero que pasa, en virtud de esta disposición a ser considerado como robo y es el que comúnmente practican los individuos llamados "lanzas", que se aprovechan de las aglomeraciones para hurtar la cartera u otros objetos de valor, procediendo por sorpresa o aparentando riñas en lugares de concurrencia o haciendo otras maniobras dirigidas a causar agolpamiento o confusión". El carácter "técnico" de hurto atribuido al hecho delictivo que, no obstante, "pasa a ser considerado como robo", es reiterado en las discusiones parlamentarias producidas en la Sesión Extraordinaria de la Cámara de Diputados, del 28.10.1953. En esta oportunidad el Diputado Juan Eduardo Puentes expresó lo siguiente: "Por esta ley se crean varios tipos nuevos de delitos que es necesario señalar.

En primer lugar, tenemos la creación de un delito que debería, frecuentemente ser hurto y que, sin embargo, va a ser robo, por un concepto que los estudiosos tienen sobre su naturaleza, me refiero al delito que se crea en los términos siguientes:" se transcribe a continuación el texto antes citado, y continúa el Diputado: "Esto, prácticamente podría considerarse como un delito de hurto, porque la esencia del robo, hasta aquí ha sido la apropiación de cosa mueble ajena, sin la voluntad de su dueño con ánimo de lucro, y cuando se ejecuta con violencia en las personas o fuerza en las cosas. Ordinariamente estos delitos se ejecutan por sorpresa y debido más bien a la habilidad del delincuente, que se aprovecha de las aglomeraciones, por ejemplo. Pero se ha considerado que atendida la forma habitual de ejecución de este delito, debe ser considerado como robo y, en consecuencia se establece este nuevo tipo en los términos que he señalado". En el Anexo de Documentos del Diario de Sesiones del Senado de la República, Sesión 3ª., hay constancia de que "El inciso 2o. del nuevo artículo 436 consagra un delito especial, que técnicamente es hurto, pero que pasa en virtud de esta disposición a ser considerado como robo y es el que comúnmente practican los individuos llamados "lanzas", que se aprovechan de las aglomeraciones para hurtar la cartera u otros objetos de valor, procediendo por sorpresa o aparentando riñas en lugares de concurrencia o haciendo otras maniobras dirigidas a causar agolpamiento o confusión".

La Ley 17.727 modificó el precepto, dándole una nueva redacción y reduciendo la cuantía de la pena, por la vía de asignarle una propia, separada de la establecida en el inciso primero —robo con violencia o intimi-

---

231 Garrido (2000), cit., p. 209; Bullemore/MacKinnon (2018), cit., p. 67.

dación— que hasta entonces estaba asignada a ambas hipótesis delictivas. Un delito calificado "técnicamente" de hurto, merecía la misma pena del robo con violencia o intimidación en las personas, como consecuencia de ser "considerado como robo".

El Mensaje con que se presentó al Congreso el proyecto que se traduciría en la Ley 17.727 es muy relevante para los efectos de la tarea hermenéutica dirigida a desentrañar la real naturaleza de este tipo penal: "Creemos que ambas figuras delictivas (el robo con violencia y el robo por sorpresa) constituyen hechos totalmente diferenciados, tanto por la forma en que se cometen y sus resultados, cuanto por las características de los hechores. En efecto, los autores de robos con violencia o intimidación en las personas normalmente son delincuentes habituales de alta peligrosidad que muchas veces no trepidan en llegar al homicidio para conseguir sus fines; en cambio, en el robo por sorpresa los autores son personas que actúan en base a su rapidez (lanzas) preferentemente eligen como víctimas a personas que no portan bienes de un valor exagerado. Resulta, así injusto sancionar con la misma pena dos hechos claramente diferenciados". (Senado, Ord. |971, T.I, Sesión 10.06.1971, p. 348).

El legislador reconoció expresamente que se trata de "hechos claramente diferenciados" y merecedores, por tanto, de una distinta respuesta penal. La sanción prevista para el robo por sorpresa es la de presidio menor en su grado máximo, esto es, la misma pena contemplada para los robos del art. 443, situaciones en las cuales sólo se ve amagado el bien jurídico propiedad.

La ubicación del robo por sorpresa como una "figura intermedia" o "tipo puente" entre el robo y el hurto es aceptada por varios autores[232]. Sin embargo, Garrido Montt, que comparte esa característica, expresa que la redacción del precepto —"se considerará como robo"— involucra que el legislador no reconoce que sea en realidad robo, sólo lo asimila a esa figura[233]. Etcheberry, refiriéndose a la conducta de "obrar por sorpresa", señala que no es un concepto enteramente claro, pero que sin duda excluye el empleo de la violencia, salvo la indispensable para arrebatar de las manos, quitar de los bolsillos los objetos sustraídos, procediendo el agente en forma rápida e inesperada para la víctima[234]. Mera Figueroa sostiene que se trata, en este caso, de un hurto sancionado como robo, ca-

---

232 Labatut, Gustavo, Derecho Penal, T.II, 6ª edic., p. 221; Garrido (2000), cit., pp. 207 y s.s.

233 Garrido (2000), cit., p. 208.

234 Etcheberry (1997), cit., pp. 245 y s.s.

racterizado por el medio de comisión, el que sin embargo no trasciende de la afectación de la propiedad. Propone *de lege ferenda* la derogación de esta figura penal, posición que entendemos es compartida por quienes entienden que no se trata de una modalidad del robo con violencia, sino de un hurto[235].

La figura delictiva original singularizaba como objetos materiales de apropiación las especies que las víctimas lleven consigo. En otras palabras, debía tratarse de especies muebles que las víctimas portaran[236]. La reciente reforma (Ley 21.170), incorporó a los vehículos motorizados como objetos materiales del delito de robo por sorpresa, distanciando notoriamente el tipo penal de su estructura original, restringida, como se ha dicho, a las cosas muebles que el sujeto pasivo porta consigo, sea que las lleve puestas, guardadas en los bolsillos, las tenga en la mano o colgadas en otra parte del cuerpo[237].

1. Análisis de la figura

Sin perjuicio de entender que se trata, en este caso, de una conducta propia de hurto, considerada "como si fuera robo", esto es, por una ficción legal "es robo lo que no lo es", examinaremos a continuación los elementos integrantes del delito.

1.1. Actuar por sorpresa

Hemos citado la opinión de Etcheberry, en cuanto a que este concepto excluye el empleo de *vis absoluta*, salvo la indispensable para hacerse el sujeto de la cosa ajena, obrando en forma rápida, sorpresiva para la víctima. Se trata aquí —según Matus/ Ramírez— de un arrebato repentino, súbito e imprevisto de una cosa que lleva la víctima consigo, cuya propia rapidez suspende la reacción de la víctima y le priva de toda posibilidad de repelerlo[238]. Guzmán Dálbora, quien considera que "ontológicamente hablando" esta figura es un hurto, y entiende esta modalidad como "rapiña", la define como "arrebatar, llevarse con fuerza los objetos". Esta fuerza no se ejerce directamente sobre el cuerpo de una persona, que daría

---

235 Mera (1994) "Hurto y Robo. Estudio Dogmático y Político Criminal". Cuadernos de Análisis Jurídico, U. Diego Portales, p. 96; Oliver (2022), cit., p. 327.

236 Oliver (2022), cit., p. 328.

237 Oliver (2022), cit., p. 328.

238 Matus/Ramírez (2021), cit., p. 574.

lugar a un robo con violencia, sino a una "violencia" que debe desplegarse directamente sobre la cosa y sólo indirectamente sobre la persona, con el objeto de vencer aquella energía física que mantiene unida aquella a ésta[239]. Garrido Montt, refiriéndose a la sorpresa, apunta que consiste en obrar sobre la víctima cuando está desprevenida, de manera que no logre reaccionar con la rapidez que la situación amerita. "La mujer que, con su cartera al brazo, distraídamente lee un diario mural, circunstancia que aprovecha el ladrón para arrebatarle el bolso que lleva y darse a la fuga". El delincuente, en esta actividad —expresa el autor— sobrepasa el límite de clandestinidad propia del delito de hurto cuando realiza el apoderamiento, pero su actuar no alcanza la intensidad de la violencia requerida por el delito de robo con violencia. Hay uso de cierta fuerza, pero no aquella necesaria para calificarla de agresión física en su alcance normativo. Lo mismo sucede con el tirón necesario para arrancar el collar del cuello de la víctima o el maletín desde su brazo[240]. Hemos dicho que no entendemos la razón por la cual la acción del carterista que aprovecha la ocasión propicia para sustraer en forma rápida el objeto que porta en sus manos la víctima desprevenida esté fuera de los límites del hurto y deba configurar un delito distinto, perteneciente al círculo típico del robo[241]. Sostener que el delito de hurto concurre sólo cuando el sujeto pasivo no está desprevenido y, por ende, habrá de suponer que se percata de la acción y, teniendo la chance de reaccionar con presteza y proteger sus pertenencias, no lo hace, frente a una agresión que no se desarrolla de modo sorpresivo ("rapiña"), que no es "rápida", nos pareció —y nos parece— una conclusión discutible, sin perjuicio de la autoridad científica de quien la proponía. Expusimos que si, por ejemplo, la víctima está sentada en un banco de la plaza, revisando el contenido de su cartera, y el ladrón, que también ocupa el mismo banco, se arrima lenta y pausadamente, hasta quedar situado al costado de aquella persona y le sustrae la cartera, abandonando el sitio del suceso sin mayor rapidez, confundiéndose entre los paseantes para no llamar la atención, diremos —conforme a la tesis de Garrido— que hay hurto; si, en cambio, ese mismo individuo, en las mismas circunstancias descritas, una vez arrimado a la persona de la víctima, le arrebata de un tirón la cartera y sale corriendo a gran velocidad, no hay hurto, sino robo por sorpresa. Resulta difícil de entender que

---

239 Guzmán Dálbora, José Luis, "El robo por sorpresa y la actividad del carterista", Gaceta Jurídica Nro. 236, pp. 108 y s.s.

240 Garrido (2000), cit., pp. 207 y s.s.

241 Künsemüller (2005), en Derecho Penal y Política Criminal. Compilación de artículos, Thomson Reuters, 2018, p. 643.

el hurto supone sujetos activos que sólo actúen en forma lenta y pausada, como dando a entender, a quien será su víctima, que le será quitada alguna especie y, por el contrario, este delito no concurre si el apoderamiento es "repentino" y el ofendido está desprevenido, configurándose entonces un ilícito distinto, de mayor gravedad[242]. Esta interpretación se devela, a nuestro entender, como inconsistente y, por tanto, difícil de mantener, sobre todo en su aplicación a la praxis. Los esfuerzos por encontrar alguna diferencia cuantitativa y cualitativa entre la acción propia del hurto y la del robo por sorpresa, sobre la base de características propias y excluyentes de cada supuesto fáctico, en cuanto sustancialmente diferenciado del otro, es decir de "distinta especie", resultan estériles y condenados al fracaso. Estimamos que la posición de la víctima —"estar desprevenida"— puede ser igual en los casos de hurto que de robo por sorpresa y no nos resulta convincente la idea de que en la segunda situación hay una imposibilidad de defender las pertenencias y no la hay en el primer caso. Si alguien se encuentra parado en una concurrida arteria céntrica, mirando con alto interés el partido de fútbol que proyecta un televisor gigante, instalado en un negocio y descuida momentáneamente su maletín, apoyándolo en el suelo, mientras aplaude un gol convertido por su equipo favorito, situación que aprovecha un ladrón para acercarse con toda lentitud y coger la especie, retirándose del lugar de modo muy furtivo y pausado, para no llamar la atención, habría que decir que estamos ante un delito de hurto, pese a que la víctima estaba "desprevenida" con respecto a su maletín y el hechor aprovechó tal situación para actuar[243].

1.2. Aparentando riñas en lugares de concurrencia o haciendo otras maniobras dirigidas a causar agolpamiento o confusión

Esta modalidad de conducta es calificada como un "medio engañoso, se trata de distraer a la víctima, para favorecer la perpetración del delito" y "con esta mira el autor da forma a una apariencia, a una representación falsa de las circunstancias. Hay un comportamiento disimulador y, en definitiva, fraudulento"[244]. La apropiación es caracterizada en este caso como "fraudulenta, furtiva o clandestina", más cercana al hurto, pues no es necesario que la víctima se percate de ello[245]. Si se trata de que el agente lleve a cabo una sustracción "clandestina", en la que no se recurre

---

242 Künsemüller (2005), cit., p. 644.

243 Künsemüller (2005), cit., p. 644.

244 Guzmán Dalbora, GJ 236, pp. 108 y s.s.

245 Matus/Ramírez (2021), cit., p. 574.

a fuerza de ninguna clase, tampoco a la sorpresa, "sino que se aprovecha la distracción de las víctimas, se emplea el esfuerzo mínimo para tomar o sacar las cosas que éstas llevan consigo sin que se den cuenta de ello "[246], no puede caber ninguna duda de que nos encontramos ante una conducta imposible de subsumir —aunque sea mediante una forzada y, por tanto, repudiable asimilación legislativa— en el tipo de robo con violencia en las personas.

Los autores advierten, con razón, que el mero aprovechamiento de agolpamientos o confusiones no provocados por el agente, como sucede con las aglomeraciones en los medios de transporte público modernos, no configura las maniobras a que se refiere este delito, que exige un actuar positivo previo del hecho para causar agolpamiento o confusión. "Por ello se puede afirmar que el llamado "carterista" perece cometer más bien un hurto que este delito"[247]. Las fórmulas verbales "aparentando" y "haciendo" parecen no dejar ninguna duda de que el agolpamiento o la confusión deben ser los resultados de una acción del sujeto activo, que debe "aparentar" o "hacer" y no simplemente aprovecharse de lo preexistente.

El robo por sorpresa de automóviles

De acuerdo al art. 436, inciso 3ero. del Código Penal, introducido por la Ley 21.170, "También será considerado robo, y se sancionará con la pena de presidio menor en su grado máximo, la apropiación de vehículos motorizados, siempre que se valga de la sorpresa, de la distracción de la víctima o se genere por parte del autor cualquier maniobra distractora cuyo objeto sea que la víctima abandone el vehículo para facilitar su apropiación, en ambos casos, en el momento en que ésta se apreste a ingresar o hacer abandono de un lugar habitado, destinado a la habitación o sus dependencias, o su lugar de trabajo, salvo en aquellos casos en que medie violencia o intimidación, en que se aplicará lo dispuesto en el inciso primero".

Como primera observación, cabe señalar que la redacción de este inciso deja mucho que desear, atendida la imprecisión que se advierte en la descripción de las conductas incriminadas, desde que son equivalentes el valerse, esto es, aprovecharse de la distracción previa de la víctima y el provocar el autor cualquier maniobra que distraiga a la víctima, confusión ésta, que determina un distanciamiento con respecto al tipo de robo

---

246 Garrido (2000), cit., p. 210.

247 Matus/Ramírez (2021), cit., p. 575.

por sorpresa, que, según lo señalado anteriormente, requiere un actuar positivo del agente y no un mero aprovechamiento de circunstancias dadas.

En segundo término, se trata de una "modalidad especial de hurto", que la ley asimila al robo —"será considerado robo"— con la finalidad de reforzar la protección penal dispensada a los vehículos motorizados[248]. La frase final —"salvo en aquellos casos en que..."— denota que esta figura tendrá aplicación, preferentemente, en aquellos casos en que no pueda demostrarse la existencia de violencia o intimidación, pero sí el arrebato del vehículo, haciendo salir de él a la víctima[249]. El empleo de la frase" será considerado robo", similar a la utilizada en el inciso primero del artículo, permite concluir que si la ley ordena considerar el hecho como robo, es porque en realidad no se trata de dicho delito[250].

Por último, en la medida que no sea factible acreditar el arrebato sorpresivo, todavía sería aplicable una figura de robo con preferencia al hurto, según lo dispuesto en el inciso final del art. 443: "Se considerará como robo y se castigará con la pena del inciso precedente la apropiación de un vehículo motorizado mediante la generación de cualquier maniobra distractora cuyo objeto sea que la víctima abandone el vehículo, fuera de los casos a que se refiere el artículo 436". A esta "maniobra distractora" se le otorga por algunos comentaristas el carácter de engaño que no representa el peligro de las riñas o tumultos aparentes ínsito en la figura tradicional de robo por sorpresa y, por tanto, no constitutivo de una intimidación encubierta[251].

Ahora bien, en el evento que la cosa apropiada —el vehículo— tiene un valor superior a 400 UTM, la pena a título de hurto sería más gravosa, desde que se añade a la privación de libertad una multa (art. 446), por lo que la ley se traiciona a sí misma[252].

2. *Jurisprudencia*

Los tribunales nacionales han coincidido, a través de varios pronunciamientos, con la tesis dogmática que, según hemos dado cuenta, ca-

---

248 Oliver (2022), cit., p. 331.
249 Matus/Ramírez (2021), cit., p. 575.
250 Oliver (2022), cit., p. 327.
251 Matus/Ramírez (2021), cit., p. 576.
252 Oliver (2022), cit., p. 331.

racteriza al robo por sorpresa como una hipótesis típica muy cercana al hurto y distanciada del robo[253].

En la sentencia del TOP de Antofagasta (2004), se acoge la doctrina de que el delito de robo por sorpresa, atendidas las características del comportamiento que lo configura, se sitúa "en tierra intermedia entre el hurto y el robo", siendo aceptable que el bien jurídico afectado en ambos tipos de delito resulta ser la propiedad, de modo que se podría aceptar que son delitos de la misma especie el robo por sorpresa y el hurto. (RPP, Nro 25, septiembre 2004, pp. 116 y s.s.)

Mediante sentencia de 29.10.2001, acordada por mayoría de votos, la ICA de San Miguel determina que el robo con intimidación y el robo por sorpresa "no son delitos de la misma especie", aspecto que reviste trascendencia para los efectos de la agravante de reincidencia, que fue desestimada en este caso.

Reproducimos los argumentos del voto de mayoría, que hizo sentencia, coincidentes con nuestras apreciaciones sobre el delito en comento, en cuanto a que se trata de un hurto "considerado como si fuera robo"[254].

"Debe entenderse por delitos de la misma especie aquellos que menoscaban un mismo bien jurídico y tienen un modo de comisión semejante, agregándose por algunos la exigencia de un idéntico móvil".

Según la historia fidedigna del establecimiento del delito de robo por sorpresa, éste es diferente del robo con intimidación, ya que el análisis de dicho elemento de hermenéutica evidencia que el propósito legislativo, la *ratio legis* fue transformar lo que hasta ese momento había sido una mera circunstancia agravante en un delito autónomo, plenamente asimilado al roo y sancionado con igual marco penal".

"Que los autores nacionales han estimado que este delito pertenece más bien a la órbita del hurto que a la del robo con violencia o intimidación". (Hay citas de los Profesores Labatut, Etcheberry, Garrido, Mera y Guzmán Dálbora)

"Que es posible apreciar en el plano dogmático y político-criminal una notoria diferencia estructural entre la acción constitutiva del robo (violento o intimidatorio) y la que es propia de la rapiña o apoderamiento sorpresivo. Hay, sin duda, una muy diversa intensidad en el medio de ataque, que afecta no sólo a la propiedad, sino además a un bien jurídico personalísimo, como en el caso del robo propiamente tal y sólo al patrimonio en el otro, marcándose claramente una diferencia en el disvalor

---

253 Künsemüller (2005), cit., p. 645.

254 Künsemüller (2005), cit., pp. 637 y s.s.

de uno y otro acto típico, presentando el contenido de injusto propio del robo con violencia o intimidación una entidad mucho más significativa que la perteneciente al robo por sorpresa. En este último caso existe un solo derecho agraviado, la propiedad ajena, sin ocasionarse un peligro real y efectivo para la integridad física o seguridad de la víctima".

"Que el propio legislador que creó el delito de robo por sorpresa lo hizo a sabiendas que el hecho constitutivo del mismo es más propio del hurto, reconociendo que se incorporación a la esfera del robo obedecía a motivos puramente pragmáticos, como la frecuencia de comisión y las modalidades de ejecución, que no resultan aceptables como fundamento sustantivo".

Que, por lo señalado, cabe afirmar con certeza que la conducta definida como "robo por sorpresa" tiene una mayor pertenencia al ámbito típico del hurto que al del robo, toda vez que en el comportamiento del agente hay un arrebatamiento sorpresivo —"tirón"— o engañoso, como en el despliegue de maniobras distractivas".

En otra sentencia dictada por el mismo Tribunal de Alzada (18.12.2001, Gaceta Jurídica 258, pp. 158 y s.s.),) se estableció que "el denominado robo por sorpresa, delito introducido al Código Penal por la Ley Nro. 11.625, constituye técnicamente una figura de hurto de cosa mueble ajena, asimilada legislativamente al robo, como lo demuestra, por una parte, la historia fidedigna de la ley y, por otra, el hecho de que el texto legal declare que "se considerará como robo", esto es, como si fuera un robo, no siéndolo realmente". (Considerando Primero). "Que, la doctrina nacional caracteriza en forma unánime a la conducta descrita en el inciso segundo del artículo 436 del Código Penal, como más perteneciente a la órbita típica del hurto que el robo, el cual exige o bien fuerza en las cosas o bien violencia o intimidación en las personas". (Considerando Segundo).

El profesor Guzmán Dálbora requiere algún parentesco del robo por sorpresa con el robo, en la apropiación por sorpresa debe haber pues, un "humus" del robo, alguna forma de fuerza, porque de lo contrario ese apartamiento consciente de la realidad ínsito en toda ficción jurídica iría aquí en franco desmedro de la racionalidad y el equilibrio valorativo del ordenamiento[255]. A modo de síntesis, pensamos que en el criollo delito de robo por sorpresa no concurre el "humus del robo", y cuya ausencia

255 Guzmán Dalbora, GJ 236, pp. 108 y s.s.

se traduce, a juicio de este autor, en una "contradicción inmanente de valoración"[256].

3. Delimitación con otras figuras delictivas

El sector de nuestra doctrina que se ha ocupado del estudio profundizado de este delito, ha procurado establecer, dada la existencia de "unos contornos un tanto difusos", la frontera o línea demarcatoria entre el robo por sorpresa, el hurto y el robo con violencia[257], contornos que, a nuestro entender, no deberían ser difusos, si se tiene como base indiscutida para la interpretación que el denominado robo por sorpresa no es una modalidad de robo violento, sino una forma de hurto —agravada— ni tampoco es una figura "puente" o "intermedia" entre ambos hechos delictivos[258].

4. Propuestas de lege ferenda

En el Proyecto de Nuevo Código Penal, enviado por el Poder Ejecutivo al Congreso Nacional en enero de 2022, mediante Mensaje Nro. 431-369, la hipótesis delictiva que podría tener alguna cercanía con el actual robo por sorpresa, consistente en que "la cosa fuere portada o llevada inmediatamente consigo por la persona afectada", origina una forma de "Hurto grave". (art. 277). El Proyecto Etcheberry (2016), incluye entre las hipótesis de hurto agravado, merecedoras de pena de reclusión de tres a cuatro años, "Cuando la apropiación recaiga sobre cosas que otra persona lleva consigo y se arrebaten por sorpresa o realizando maniobras que causen agolpamiento o confusión" (art. 228).

Como se advierte, el delito tipificado actualmente en el art. 436 inciso 2º del Código Penal, pasa a ser, sin mayor modificación y con los mismos elementos típicos, una figura de hurto agravado, dándose acogida, de este modo, a la opinión dominante en la doctrina especializada.

---

256 Künsemüller (2005), cit., p. 649.

257 Oliver (2013), cit., pp. 387-394.

258 Oliver (2013), cit., p. 387.

BIBLIOGRAFÍA

BELTRÁN BALLESTER, E. El hurto de hallazgo (Protección penal de la propiedad perdida en la legislación española, histórica y actual), U. de Valencia, 1979.

BERNAL DEL CASTILLO, J. Elementos de agravación del robo con fuerza en las cosas: casa habitada y establecimiento o local abiertos al público, en Actualidad Jurídica Aranzadi, año VII, nro. 307, septiembre, 1997.

BLASCO FERNÁNDEZ DE MOREDA, F., Hurto, en Enciclopedia Jurídica Omeba, t. XIV, Editorial Bibliográfica Argentina, 1961.

BUENO ARÚS, F., Algunas consideraciones sobre la protección de la propiedad en el Anteproyecto de Código Penal español de 1992, desde una perspectiva constitucional, en Actualidad Penal 1992-2.

BULLEMORE V.– MACKINNON J., Curso de Derecho Penal, t. IV, Parte Especial, 2ª edición, Lexis Nexis, 2007.

BUSTOS RAMÍREZ, J., Manual de Derecho Penal. Parte Especial, 2ª edición, Ariel, 1991.

CARNEVALI R., "¿Es el Derecho Penal que viene? A propósito de la ley 19.950 que modifica el delito de hurto", en La Semana Jurídica Nro. 192, julio de 2004.

CEREZO MIR, J., Derecho Penal. Parte General, BdeF, Montevideo- Bs. Aires, 2008.

COBO DEL ROSAL, M./VIVES ANTÓN T., Derecho Penal. Parte General, 5ª edic., Tirant lo blanch, Valencia, 1999.

DAMIANOVICH DE CERREDO, L., Delitos contra la propiedad, 3ª edic, Edit. Universidad, Bs Aires, 2000.

DE LA FUENTE HULAUD, F., "Los lugares de comisión del delito de robo con fuerza en las cosas: una clasificación bipartita", en Delito, Pena y Proceso. Libro Homenaje a la memoria del Profesor Tito Solari Peralta, Edit. Jurídica, 2008.

DE LA MATA BARRANCO, N., Tutela penal de la propiedad y delitos de apropiación. El dinero como objeto material de los delitos de hurto y apropiación indebida, PPU, Barcelona, 1994.

DE VICENTE MARTÍNEZ, R., "Los delitos de robo: dos cuestiones interpretativas", en Actualidad Penal Nro. 1997-2.

- El delito de robo con fuerza en las cosas, Tirant lo blanch, Valencia, 1999.
- El delito de robo y hurto de uso de vehículos, Tirant lo blanch, Valencia, 2007.

DEL ROSAL, J., "Consumación en el hurto y otros problemas penales", en Anuario de Derecho Penal y Ciencias Penales, enero-abril 1949, T.II, fasc. I.

DÍAZ ESPINOZA, A., "De los hurtos", en Revista de la Justicia Penal Nro 3, septbre. 2008.

DONNA, E. A., Delitos contra la propiedad, 2ª edic., Rubinzal-Culzioni, Bs Aires, 2008.

ETCHEBERRY ORTHUSTEGUY, A., Derecho Penal. Parte Especial, T, III, 3ª edic., Edit. Jurídica, 1998.

FERNÁNDEZ GARCÍA, E. M., "El robo con fuerza en las cosas", en VV.AA., Delitos contra el patrimonio. Delitos de apoderamiento, Consejo General del Poder Judicial, Madrid, 2004.

FONTAN BALESTRA, C., Derecho Penal. Parte Especial, 16ª edic., actualizada, Lexis Nexis, 2002.

FRÍAS CABALLLERO, J., "Consumación del delito de hurto", en Doctrina Penal. Teoría y Práctica de las Ciencias Penales, año 14, 1991- 8.

GARCÍA CARVAJAL, E., El hurto de uso, Edit. Universitariaa, Santiago, 1962.

GARRIDO MONTT, M., Derecho Penal. Parte Especial, t.IV, 4ª edic., Edit. Jurídica, 2008.

GÓMEZ BENÍTEZ, J. M., "Delitos contra el patrimonio (hurtos, robos, estafas e insolvencias punibles)", en Documentación Jurídica Nro. 37-40, vol. 2, 1983.

GONZÁLEZ CUSSAC, J. L., "Los delitos contra el patrimonio en la reforma penal de 2003", en Cuadernos de Derecho Judicial, Las Ultimas Reformas Penales, 2005, III.

GONZÁLEZ RUS, J., "Delitos contra el patrimonio y contra el orden socio-económico", en Cobo del Rosal(coord.), Derecho Penal Español. Parte Especial, 2ª edic., Dykinson, 2005.

GUZMÁN DALBORA J. L., "El robo por sorpresa y la actividad del carterista", en Gaceta Jurídica Nro. 236, 2000.

HERNÁNDEZ BASUALTO, H., "La nueva regulación del hurto-falta no consumado", en La Semana Jurídica, Nro. 344, junio 2007.

KINDHÄUSER U., "La apropiación en el hurto: objeto y límites", (Pastor Muñoz (trad.), en Kindhäuser, Estudios de Derecho Penal patrimonial, Grijley, 2002.

KÜNSEMÜLLER C., "Delimitación entre los tipos penales de robo con violencia en las personas y robo por sorpresa", en Gaceta Jurídica Nro. 195, 1995.

- "Delito de robo por sorpresa. Delimitación del robo con violencia", en Temas de Derecho, Revista de la U. Gabriela Mistral, Edic. Especial, año XI, 1996, Nros. 1 y 2.
- "Hurto-Hurto de Uso. Jurisprudencia Comentada", en Temas de Derecho, U. Gabriela Mistral, año XIII, Nros. 1 y 2, 1998.
- "Delitos de Hurto y Robo. Una reforma inaplazable en el Código Penal chileno", en El Penalista Liberal. Libro de homenaje a la memoria del profesor Manuel de Rivacoba y Rivacoba, Hammurabi, 2004.
- "El robo por sorpresa no es una modalidad genuina de robo", en Revista de Derecho y Ciencias Penales, Facultad de Derecho, U. San Sebastián, Nro. 7, 2005.
- "Los principios cardinales del ius puniendi a la luz de algunos delitos contra la propiedad contemplados en el Anteproyecto de Código Penal redactado por el Foro Penal", en Política Criminal Nro. 1, 2006, A-3.

LABATUT GLENA, G., Derecho Penal, T.II, 7ª edic., actualizada por Julio Zenteno Vargas, Edit. Jurídica, 2000.

MAÑALICH RAFFO, J. P., "El hurto-robo frente a la autotutela y la legítima defensa de la posesión", en Revista de Estudios de la Justicia, U.de Chile, Nro. 7, 2006.

MATA Y MARTÍN, R., El delito de robo con fuerza en las cosas, Tirant lo blanch, 1995.

MERA FIGUEROA, J., "Protección penal de la propiedad y posibilidades rectificadoras de la dogmática", en Cuadernos de Análisis Jurídico, U. Diego Portales, Nro 21, 1992.

- Hurto y Robo, Lexis Nexis, 1995.
- Derechos Humanos en el derecho penal chileno, Conosur, 1998.
- "Delitos contra la propiedad. Revisión Crítica y propuestas de reforma", en Revista de Estudios de la Justicia, Facultad de Derecho, U. de Chile, Nro. 13, 2010.

MILLAN GUTIÉRREZ, I., "Algunos tópicos actuales en el delito de robo en lugar habitado o destinado a la habitación", en Gaceta Jurídica Nro. 302, 2005.

MUÑOZ CONDE, F., "La reforma de los delitos contra el patrimonio", en Documentación Jurídica, Vol. 1, Nro. 37/40, 1983.

- Derecho Penal. Parte Especial, 21ª edición, Tirant lo blanch, 2017.

NOVOA EDUARDO., E., "Comentario a sentencia de la Corte Suprema de 30 de enero de 1995. Robo en lugar destinado a la habitación. Casa de veraneo", en Revista de Ciencias Penales, 3ª época, Nro. 1, t. XXXIV, enero-junio 1975.

OJEDA SALDIVIA, A., Hurto de hallazgo, Edit. Jurídica, 1968.

OLIVER, G., "Análisis críticos de las últimas modificaciones legales en materia de hurto-falta", en Revista de Derecho, Pontificia U. Católica de Valparaíso, vol. XXVI, primer semestre, 2005.

OLIVER, G., "Estructura típica común de los delitos de hurto y robo", en Revista de Derecho, Pontificia Universidad Católica de Valparaíso, vol. XXXVI, primer semestre de 2011.

PEZOA, SILVIA, O., El delito de robo con fuerza en las cosas, Edit. Universitaria, 1960.

POLITOFF, MATUS, RAMÍREZ, Lecciones de Derecho Penal Chileno, Parte Especial, 2ª edic., Edit. Jurídica, 2005.

QUINTANO RIPOLLÉS, A., Tratado de la Parte Especial del Derecho Penal, t.II, Infracciones penales de apoderamiento, 2ª edic., Edersa, 1977.

ROBLES PLANAS, R., "Delitos contra el patrimonio", en Silva Sánchez (edit.), Ragués i Vallés (coord.), Lecciones de Derecho Penal. Parte Especial, 2ª eid., Atelier, 2009.

RODRÍGUEZ DEVESA, J. M., "Consideraciones generales sobre los delitos contra la propiedad", en Anuario de Derecho Penal y Ciencias Penales, t.XIII, fasc. 1, enero-marzo, 1960.

- Derecho Penal Español. Parte Especial, 18ª edic., Dyckinson, 1995.

SÁNCHEZ MORENO, J., El Hurto, Bosch, 1999.

- El robo con fuerza en las cosas, Bosch, 2000.

SANHUEZA ROMERO, J., "Delitos de hurto y robo con fuerza en las cosas", en Revista de Derecho de la U. de Concepción, año LXIX, nro 209, enero-junio 2001.

SCHEPELER VÁSQUEZ, E., El delito de hurto. Estudio de doctrina, de jurisprudencia y de legislación comparada, 1939.

VALMAÑA OCHAITA, SILVIA., El tipo objetivo de robo con fuerza en las cosas, Ministerio de Justicia, Secretaría General Técnica, Centro de Publicaciones, 1993.

ZUGALDÍA ESPINAR, J. M., Los delitos contra la propiedad y el patrimonio, Akal, 1988.

– "Los delitos contra la propiedad, el patrimonio y el orden socio-económico en el nuevo Código Penal", en Cuadernos de Política Criminal, Nro. 59, 1996.